作りおきの野菜おかず 205

おいしくて飽きない！ 野菜たっぷりおかず満載！

食のスタジオ 編

西東社

もくじ

作りおきの野菜おかずは
こんなに便利！ ………………………… 6
バランスで選びたい！ 作りおきおかず … 8
長くおいしく食べる保存法 …………… 9
この本の使い方 ………………………… 10

1 5つの定番 作りおきおかず

野菜の定番作りおき①
ポテトサラダ …………………………… 12
　ちょいかえ！→ チーズでグラタンに …………… 13
　　　　　　　→ ベーコンで巻いて ……………… 13
　　　　　　　→ コチュジャンでピリ辛に ……… 13

野菜の定番作りおき②
ラタトゥイユ …………………………… 14
　ちょいかえ！→ ペンネにからめて ……………… 15
　　　　　　　→ 卵に混ぜて焼く ………………… 15
　　　　　　　→ 粉チーズをかけて ……………… 15

野菜の定番作りおき③
2色のコールスロー …………………… 16
　ちょいかえ！→ 食パンにのせて ………………… 17
　　　　　　　→ ソーセージを混ぜて …………… 17
　　　　　　　→ ケチャップでトマト味に ……… 17

野菜の定番作りおき④
根菜の五目煮 …………………………… 18
　ちょいかえ！→ カレールウで煮込んで ………… 19
　　　　　　　→ サラダにのせて ………………… 19
　　　　　　　→ 酢を加えて ……………………… 19

野菜の定番作りおき⑤
野菜の焼きびたし ……………………… 20
　ちょいかえ！→ そうめんにのせて ……………… 21
　　　　　　　→ 豆腐のトッピングに …………… 21
　　　　　　　→ バルサミコ酢をかけて ………… 21

◆野菜の食べるスープ ………………… 22

2 たっぷり食べられる 野菜デリ

チキンと野菜のマスタードマリネ …… 24
　余った材料でもう一品 野菜のバターしょうゆ炒め … 25
4種のきのこのペペロンチーノ ……… 26
かぼちゃのデリ風くるみサラダ ……… 27
彩り野菜のバルサミコグリル ………… 28
　余った材料でもう一品 パプリカとにんじんのサラダ … 29
れんこんとひじきの和風サラダ ……… 30
トマトのコロコロカプレーゼ ………… 31
にんじんのタイ風サラダ ……………… 32
　余った材料でもう一品 にんじんといんげんの
　　　　　　　　　　　レンジグラッセ ………… 33

◆生野菜ストックでいつでもサラダ
　……………………………………… 34
◆野菜の食べるスムージー …………… 38

3 材料別 野菜の作りおきおかず

食材リスト① にんじん
- にんじんとレーズンのマリネ……40
- にんじんとこんにゃくの炒め煮……41
- にんじんのレンジハニーピクルス……41
- にんじんのたらこ炒め……42
- にんじんガレット……42
- にんじんと卵のみそ炒め……43
- にんじんとわかめのナンプラーあえ……43

食材リスト② ブロッコリー
- ブロッコリーと押し麦のサラダ……44
- ブロッコリーとほたてのザーサイ炒め……45
- ブロッコリーののりドレびたし……45
- ブロッコリーのガーリック炒め……46
- ブロッコリーのコーンチーズ炒め……46
- ブロッコリーのアンチョビワイン蒸し……47
- ブロッコリーの変わり白あえ……47

食材リスト③ トマト、プチトマト
- トマトの韓国風あえ物……48
- トマタマじゃこ炒め……49
- プチトマトのグリルマリネ……49

食材リスト④ 玉ねぎ
- 玉ねぎの塩昆布蒸し……50
- 玉ねぎの七味マヨ焼き……51
- 玉ねぎのコンビーフ詰め煮……51
- 玉ねぎと牛肉のチャプチェ風……52
- 玉ねぎとわかめのピリ辛ナムル……52
- 玉ねぎとささみの柚子こしょうサラダ……53
- 玉ねぎシューマイ……53

食材リスト⑤ グリーンアスパラガス
- アスパラのベーコン巻き……54
- アスパラとじゃがいもの粒マスタードあえ……55
- アスパラといかの塩にんにく炒め……55

食材リスト⑥ レタス
- 塩もみレタスサラダ……56
- レタスのおひたし……57
- レタスと桜えびの炒め物……57

食材リスト⑦ きゅうり
- カリカリきゅうり……58
- きゅうりのナンプラー漬け……59
- きゅうりと豚肉のオイスター炒め……59

食材リスト⑧ ズッキーニ
- ズッキーニとにんじんの甘辛炒め……60
- ズッキーニと鶏肉のトマト煮……61
- ズッキーニのチーズフリット……61

食材リスト⑨ かぼちゃ
- かぼちゃの南蛮漬け……62
- かぼちゃとクリームチーズのサラダ……63
- かぼちゃもち……63

食材リスト⑩ ピーマン
- じゃこピーマン……64
- ピーマンといかのラー油あえ……65
- ピーマンのトマトケチャップ炒め……65

食材リスト⑪ パプリカ
- パプリカのバルサミコマリネ……66
- パプリカの肉詰め……67
- パプリカのオイル漬け……67

食材リスト⑫ ゴーヤ
- ゴーヤとスパムの炒め……68
- ゴーヤのおかかあえ……69
- ゴーヤの唐揚げ……69

◆野菜の1週間長持ちおかず……70

食材リスト⑬ なす
- なすの中華あえ ……… 74
- なすのフレンチマリネ ……… 75
- なすの鍋しぎ ……… 75
- なすの坦々風 ……… 76
- なすと牛肉のつくだ煮 ……… 76
- なすのねぎ塩あえ ……… 77
- なすと鶏肉のビネガー煮 ……… 77

食材リスト⑭ オクラ
- オクラのだしびたし ……… 78
- オクラとじゃがいものサブジ ……… 79
- オクラの肉巻き ……… 79

食材リスト⑮ かぶ
- かぶの甘酢漬け ……… 80
- かぶのゆかりあえ ……… 81
- かぶとベーコンのうま煮 ……… 81

食材リスト⑯ セロリ
- セロリのピリ辛浅漬け ……… 82
- セロリとたこのガーリック炒め ……… 83
- セロリと鶏肉のサラダ ……… 83

食材リスト⑰ 長ねぎ
- 長ねぎの照り焼き ……… 84
- 長ねぎのチャーシューあえ ……… 85
- 長ねぎと豚肉のみそしょうが炒め ……… 85

食材リスト⑱ キャベツ
- キャベツの塩昆布あえ ……… 86
- キャベツのラーパーツァイ ……… 87
- キャベツのマスタードマリネ ……… 87
- キャベツとほたてのコールスロー ……… 88
- キャベツのアンチョビ炒め ……… 88
- キャベツのお好み風 ……… 89
- キャベツとソーセージのコチュジャン炒め ……… 89

食材リスト⑲ ほうれん草
- ほうれん草の梅あえ ……… 90
- ほうれん草のごま酢あえ ……… 91
- ほうれん草ののりあえ ……… 91
- ほうれん草のたらこ炒め ……… 92
- ほうれん草とあさりの塩バター蒸し ……… 92
- ほうれん草としめじのポン酢炒め ……… 93
- ほうれん草と卵の中華炒め ……… 93

食材リスト⑳ 白菜
- 白菜の甘酢漬け ……… 94
- 白菜のベーコン煮 ……… 95
- 白菜とかにかまのあえ物 ……… 95
- 麻婆白菜 ……… 96
- 白菜のレモン浅漬け ……… 96
- 白菜となめたけのとろ煮 ……… 97
- 白菜のエスニックサラダ ……… 97

食材リスト㉑ 小松菜
- 小松菜のナムル ……… 98
- 小松菜の辛子あえ ……… 99
- 小松菜とツナのサラダ ……… 99

食材リスト㉒ 水菜
- 水菜のキムチ ……… 100
- 水菜とさつま揚げの煮びたし ……… 101
- 水菜と鶏肉のごまあえ ……… 101

◆野菜の便利な冷蔵＆冷凍法 ……… 102

食材リスト㉓ ごぼう
- ごぼうのたまり漬け ……… 106
- ごぼうの明太サラダ ……… 107
- きんぴらごぼう ……… 107
- 豚ごぼう ……… 108
- 根菜のカレー炒め ……… 108
- ごぼうのオイスター煮 ……… 109
- ごぼうのペペロンチーノ ……… 109

食材リスト㉔ 大根
- 大根のおだし煮 ……… 110
- 大根のしょうゆ漬け ……… 111
- 大根と豚バラの韓国風煮物 ……… 111
- 大根の塩炒め ……… 112
- 大根とハムのマリネ ……… 112
- コンソメ大根 ……… 113
- 大根とかにかまのレモンサラダ ……… 113

食材リスト㉕ もやし
- もやしのめんつゆ炒め煮 …… 114
- もやしのナムル …… 115
- もやしのしっとりふりかけ …… 115

食材リスト㉖ れんこん
- れんこんのゆかりあえ …… 116
- れんこんもち …… 117
- れんこんと牛肉のバルサミコ炒め …… 117

食材リスト㉗ さやいんげん
- いんげんのくったり煮 …… 118
- いんげんのごまあえ …… 119
- いんげんと鶏肉のエスニック炒め …… 119

食材リスト㉘ じゃがいも
- チーズ粉ふきいも …… 120
- じゃがバタうま煮 …… 121
- じゃがいもの炒めなます …… 121
- じゃがいもパンケーキ …… 122
- カルボナーラポテサラ …… 122
- ジャーマンポテト …… 123
- じゃがいもとえびのハーブ炒め …… 123

食材リスト㉙ 里いも
- 里いもの煮っころがし …… 124
- 里いものクリームチーズあえ …… 125
- 里いもと鶏肉のごまみそ炒め …… 125

食材リスト㉚ 長いも
- 長いものしょうゆ漬け …… 126
- 長いものガーリックステーキ …… 127
- 長いもと豚肉の塩煮 …… 127

食材リスト㉛ さつまいも
- さつまいものはちみつレモン煮 …… 128
- 大学いも …… 129
- さつまいものコチュジャン炒め …… 129

食材リスト㉜ きのこ
- きのこの和風マリネ …… 130
- きのこの麻婆風 …… 131
- きのこのアヒージョ …… 131
- きのこのエスニック炒め …… 132
- きのこのおかか煮 …… 132
- ケチャップきのこ …… 133
- きのこのタプナード …… 133

食材リスト㉝ ひじき
- ひじき煮 …… 134
- ひじきの梅あえ …… 135
- ひじきのしょうがつくだ煮 …… 135

食材リスト㉞ 切り干し大根
- じゃこ入り切り干し大根の煮物 …… 136
- 切り干し大根のはりはり …… 137
- 切り干し大根とさばのごま酢 …… 137

食材リスト㉟ 大豆（水煮）
- 大豆と鶏肉のトマト煮 …… 138
- カレー風味の大豆サラダ …… 139
- 大豆の五目煮 …… 139

味つけ別 料理さくいん …… 140

この本のきまり
- 小さじ1は5㎖、大さじ1は15㎖、1カップは200㎖です。炊飯器用の1合は180㎖です。
- 材料の分量はほとんど4～5人分です。2章のみ4人分、その他一部作りやすい分量のレシピもあるので、ご確認ください。
- 電子レンジの加熱時間は600Wを目安にしています。500Wの場合は加熱時間を1.2倍にしてください。
- 冷蔵、冷凍の保存期間は目安です。ご家庭での保存状態によっておかずの保存期間も変わります。食べる前に必ずおかずの状態を確認してください。また肉、魚介が含まれるおかずは、冷蔵の場合は再加熱してから食べてください。

作りおきの野菜おかずは
こんなに便利！

野菜がもっと手軽に！
もっとたくさん食べられる！

1日に必要な野菜量は、350gとされています。生野菜だとちょっと多く見えますが、できれば野菜をしっかり摂りたいという人は、たくさんいるはず。野菜のおかずは、肉や魚のおかずより短時間でできるし、調理法によっては、肉や魚よりも長持ちするおかずになります。作りおきの野菜おかずは、忙しくても毎日野菜を食べたい人にぴったりです。

> 1日の野菜の
> 摂取目標
> **350g**

> この本1冊でこんなに
> 野菜おかずが作れる!

| サラダ、マリネ | 煮物 | あえ物 | 炒め物 | 漬け物 | 揚げ物 |

1 材料の使いきりでムダなし！

にんじん1袋（3本） → にんじんとレーズンのマリネ（→P40）

冷蔵 **4日** / 冷凍 **1か月**

材料の野菜は使いきれる分量をベースにしています。例えば、にんじんは1袋（3本）、じゃがいもは1袋（4個）などを1レシピで全部使いきります。半端な野菜が残って結局ダメにしてしまった…ということもなくなります。

2 おなじみの野菜、少ない材料でできる！

この本では、スーパーでいつでも売っている野菜を取り上げています。少ない材料だけで作れるおかずが多く、手軽にできるのも魅力です。

3 くり返し食べても飽きない！

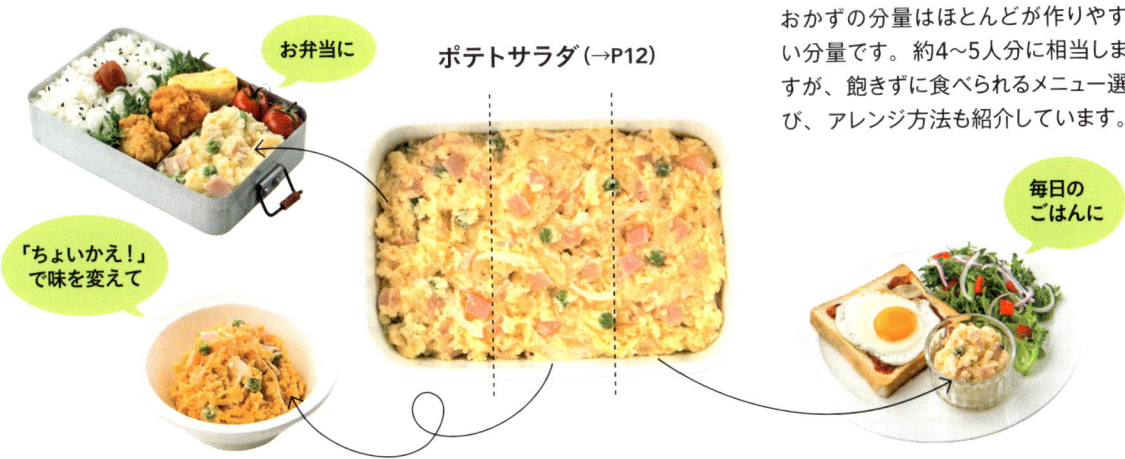

お弁当に

ポテトサラダ（→P12）

「ちょいかえ！」で味を変えて

毎日のごはんに

おかずの分量はほとんどが作りやすい分量です。約4〜5人分に相当しますが、飽きずに食べられるメニュー選び、アレンジ方法も紹介しています。

バランスで選びたい！
作りおきおかず

作りおきの野菜おかずを作るときには、味、色、食感の違いを考えて選んでみましょう。また、まとめて作るときも、いろいろな料理を選んでおいた方が、飽きずに最後までたのしめます。

味

各おかずに味つけマークがついているので、参考にしてみてください。

三大味つけ：しょうゆ／塩／みそ

その他：甘い／ピリ辛／エスニック／中華／まろやか／酸っぱい

色

野菜のおかずは色どりも大事。色みがほしいときは赤、緑などの濃い色から選んで。

赤／緑／白　その他　黄／茶　など…

食感

素材そのものの食感もいろいろで、切り方でまた食感が変わってきます。

シャキシャキ／ポリポリ／トロトロ／ホクホク

野菜おかずでプレートを作ってみました

玉ねぎと牛肉のチャプチェ風（→P52）
しょうゆ／白／シャキシャキ

ブロッコリーの変わり白あえ（→P47）
まろやか／緑／ポリポリ

ポテトサラダのアレンジ（→P13）
ピリ辛／赤／ホクホク

長くおいしく食べる保存法

保存のポイント

1 保存容器を消毒する
保存している間に細菌が繁殖しないように、保存容器は煮沸消毒するか、アルコール除菌スプレーで消毒を。

2 おかずが冷めてから保存
温かいおかずは冷めたらすぐにふたをして、冷蔵か冷凍して。常温の時間が長いとおかずに細菌が繁殖しやすくなります。

3 密閉できる容器で
保存している間はなるべく空気に触れないようにして、酸化や冷凍やけを防いで。その方がおいしさが長持ちします。

冷蔵 の保存容器

● 電子レンジ対応密閉容器
ワンタッチで密閉できる。サイズがいろいろあり、おかずの量によって使い分けられる。重ねてコンパクトに収納できるので便利。

● ホーロー容器
おかずの色や香りがつきにくい。冷蔵庫から出しても容器が温かくなりにくい。密閉ぶたつきのものを使って。電子レンジは不可。

冷凍 の保存容器

● 冷凍保存用袋
薄くして保存できるので、冷凍庫のスペースを有効活用できる。おかず名と作った日を書いておくのを忘れずに。

● 小分け保存容器
小分けにしておけば冷凍庫の出し入れが簡単。容器が電子レンジ可のシリコン製だと、お弁当にもそのまま入れられる。

おいしい 解凍方法

● あえ物、サラダ
→ **冷蔵庫解凍**
冷たい料理は、食べる時間に合わせて冷蔵庫で解凍。時間がたつと水けが出ることがあるので注意。

● 煮物、炒め物
→ **電子レンジ解凍**
温かい料理は、電子レンジの解凍機能で解凍して、温め機能で加熱。加熱しすぎや、加熱ムラを防ぐ。

● 焼き物、揚げ物
→ **電子レンジ解凍、オーブントースター**
カリッとさせたい料理は、電子レンジの解凍機能で解凍してからオーブントースターで加熱。表面が乾いたらOK。

この本の使い方

①**調理のポイント**
おいしく作るポイントを紹介します。

②**ちょいかえ！**
定番の作りおきおかずに、少し材料を加えるだけで、別の料理に変える方法を紹介します。

③**これならラク!!**
調理が少しラクになる方法を紹介します。

④**余った材料でもう一品**
余った材料で、簡単にもう一品できるおかずを紹介します。

1章

2章

3章

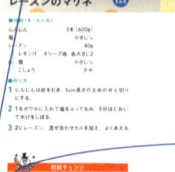

⑤**食材データ**
使う分量、選び方、冷蔵保存法、旬、栄養について説明しています。

⑥**味つけマーク**
しょうゆ、塩、みそなど、料理の味つけがひと目でわかるマーク。味つけが重なるときは、一番際立った味つけを選んでいます。

⑦**調理時間**
調理にかかる時間です。乾物のもどし時間や漬ける時間などの待ち時間は除いています。

⑧**冷蔵保存期間**
冷蔵庫での保存期間です。

⑨**冷凍保存期間**
冷凍庫での保存期間です。

⑩**ミニコラム**
調理の早ワザ、調味料使い回し、保存の名人アドバイス、材料チェンジの4パターンのミニコラムで、作りおきおかずをもっと使いやすくします。

調理の早ワザ
調理がちょっとラクになる方法を教えます。

調味料使い回し
便利な調味料とその使い方を教えます。

保存の名人アドバイス
冷凍&冷蔵の保存方法を教えます。

材料チェンジ
味や食材を変えて、よりおかずを楽しむ方法を教えてくれます。

1

5つの定番
作りおきおかず

何度も作りたい、定番のおかず5品と
3つの食べ方のアイデアを紹介します。

野菜の定番作りおき ①

ポテトサラダ
じゃがいものおかずといえばコレ！

毎日のおかずやお弁当に！

玉ねぎのシャキシャキもポイント！

まろやか

⏰ 25分 ／ 冷蔵 3日 ／ 冷凍 1か月

● 材料（4～5人分）

- じゃがいも …………… 4個
- 玉ねぎ ………………… ½個
- ロースハム …………… 4枚
- グリーンピース（水煮）… 大さじ2
- A
  - 酢 ………………… 大さじ1
  - 塩 ………………… 小さじ⅓
  - こしょう ………… 少々
- マヨネーズ …………… 90g

●作り方

1 じゃがいもは皮をむき、ひと口大に切って水に10分ほどさらして水けをきる。

2 玉ねぎは薄切りにして水にさらして水けをよくきる。

3 1とたっぷりの水を鍋に入れて中火でゆでる。ゆであがったら水けをきり、鍋に戻して強火にかけ、鍋をゆすって水けを飛ばして粉ふきいもにする。

調理のポイント
ゆでじゃがいもは水けを多く含んでいるので、水分を飛ばす。

4 ボウルに3を入れ、熱いうちにフォークでつぶし、2、Aを加えて混ぜ、冷ます。

5 マヨネーズ、1cm角に切ったロースハム、グリーンピースを加えて混ぜ合わせる。

こんなときの ちょいかえ！

ポテトサラダの簡単なアレンジ法を紹介します。

朝食にしたいときに

チーズでグラタンに

牛乳でのばし、グラタン皿に入れてチーズをのせて焼く。スイートコーンを混ぜると酸味がマイルドに。

ちょっと残ったとき

ベーコンで巻いて

ひと口大のポテトサラダにベーコンを巻き、フライパンで焼く。お弁当のおかずにもぴったり！

味を変えたいとき

コチュジャンでピリ辛に

コチュジャンをちょい足しするとピリ辛韓国風サラダに。おかずにもお酒のおつまみにも◎。

保存の名人アドバイス

冷凍用保存袋に入れて十字の折り目をつけて冷凍。使う分だけ取り出せる。

1 5つの定番作りおきおかず　ポテトサラダ

野菜の定番作りおき ②

ラタトゥイユ
野菜のうまみをぎゅっと閉じ込めて

> 野菜がたっぷり摂れる！

> トマト味がサッパリして飽きない！

🚩 塩

⏱ 25分　冷蔵 4日　冷凍 1か月

●材料（4〜5人分）
- トマト……………………… 2個
- ズッキーニ………………… 1本
- なす………………………… 2本
- 玉ねぎ……………………… 1個
- パプリカ（赤）…………… 1個
- にんにく…………………… 1片
- オリーブ油………………… 大さじ2
- A
  - 白ワイン……………… 大さじ3
  - コンソメスープの素（顆粒）
    ………………………… 大さじ1
  - ローリエ……………… 1枚
- 塩、こしょう……………… 各適量

● 作り方

1. トマトはざく切りにする。にんにくは薄切りにする。

2. ズッキーニとなすは3cm幅の半月切り、玉ねぎとパプリカは乱切りにする。

3. 鍋にオリーブ油を熱し、1のにんにく、2の玉ねぎを炒める。

4. 残りの2の野菜を加えて中火で炒め、1のトマトとAを加えてふたをして、ときどき混ぜながら中火で15分ほど煮る。

調理のポイント
夏野菜は水分が多いので、煮詰めて味を凝縮させて。野菜のうま味がたのしめる。

5. ふたを取って塩、こしょうで調味し、汁けが少なくなるまで混ぜながら煮る。

保存の名人アドバイス

冷凍用保存袋に入れて冷凍。解凍するときは冷蔵庫解凍をすると冷たいままでもおいしい。

こんなときの ちょいかえ！

ラタトゥイユの簡単なアレンジ法を紹介します。

夕食にしたいとき

ペンネにからめて
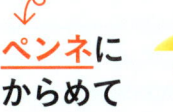

ゆでたペンネにラタトゥイユをからめて。味は塩や粉チーズで調えるだけでOKです。

ちょっと残ったとき

卵に混ぜて焼く

ラタトゥイユの汁けをきって粗く刻み、溶き卵を混ぜて卵焼きに。お弁当のおかずにぴったり。

味を変えたいとき

粉チーズをかけて
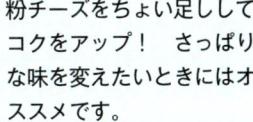

粉チーズをちょい足ししてコクをアップ！ さっぱりな味を変えたいときにはオススメです。

1　5つの定番作りおきおかず　ラタトゥイユ

野菜の定番作りおき ③

2色のコールスロー
大人気サラダはマヨなしでさっぱりと

にんじんもプラスして華やかに

オリーブ油であっさり仕上げる

酸っぱい

- ⏱ 15分
- 冷蔵 4日
- 冷凍 1か月

● 材料（4〜5人分）

キャベツ	8〜12枚（800g）
にんじん	1本
塩	小さじ1
A　オリーブ油	90㎖
レモン汁	大さじ2
砂糖	小さじ2
こしょう	少々

●作り方

1 キャベツは芯を除き、葉を丸めて端からせん切りにする。にんじんもせん切りにする。

2 ボウルに1と塩を入れてよくもみ、しんなりするまでおき、手で水けをぎゅっとしぼる。

調理のポイント
塩をふって水分を出すと、味を含みやすくなり、保存にも◎。

3 ボウルにAを入れてよく混ぜ、2を加えてあえる。

こんなときの ちょいかえ！

2色のコールスローの簡単なアレンジ法を紹介します。

朝食にしたいとき

食パンに のせて

食パンにスライスチーズ、コールスロー、マヨネーズをのせてトースト。コールスローは少なめにのせて。

ちょっと残ったとき

ソーセージを混ぜて

切り込みを入れたソーセージ、コールスロー、酢を耐熱容器に入れて混ぜ、電子レンジで加熱。ザワークラウトのように使えます。

味を変えたいとき

ケチャップでトマト味に

コールスローにトマトケチャップをちょい足し！ 甘さが加わり、子供も食べやすいアレンジ。粗びき黒こしょうをふっても。

保存の名人アドバイス

ラップに小分けにして包み、冷凍用保存袋に入れて冷凍。水分は軽くきっておくこと。

1　5つの定番作りおきおかず

2色のコールスロー

野菜の定番作りおき ④

根菜の五目煮

根菜たっぷりで毎日食べても飽きない

ごま油で炒めてコクも香りもバツグン！

食物繊維が豊富で毎日食べたい！

| しょうゆ |

⏱ 25分　冷蔵 4日　冷凍 ✕

●材料（4〜5人分）
- にんじん……………… 1本
- ごぼう………………… 1本
- れんこん……………… 200g
- こんにゃく…………… 100g
- ごま油………………… 大さじ1
- A
  - だし汁……………… 300mℓ
  - 酒、みりん………… 各大さじ3
  - しょうゆ…………… 大さじ2
  - 砂糖………………… 大さじ1½
- みりん………………… 大さじ1

●作り方

1 にんじん、ごぼう、れんこんは皮をむいて乱切りにする。

2 こんにゃくはスプーンでひと口大に切り、熱湯で5分ほどゆでてザルにあげる。

3 フライパンにごま油を熱し、1、2を入れて炒め、油がまわったら**A**を加えて落としぶたとふたをして、5分ほど煮る。

調理のポイント
落としぶたをして煮ると、かたい根菜によく味が入る。

4 ふたを取ってみりんをまわし入れて強火にし、たまに混ぜながら水分が少なくなるまで煮詰める。

保存の名人アドバイス

密閉容器に入れて冷蔵。大きく切った根菜、こんにゃくは冷凍できない。

こんなときの ちょいかえ！

根菜の五目煮の簡単なアレンジ法を紹介します。

昼食にしたいとき

カレールウで煮込んで

刻んだカレールウ、湯、めんつゆを加えて、とろみがつくまで煮る。和風のカレーが5分で完成。

ちょっと残ったとき

サラダにのせて

粗く刻んでマヨネーズであえ、グリーンサラダの上にのせるだけ！栄養バランスのいいサラダに。

味を変えたいとき

酢を加えて

お酢を加えて煮るとさっぱりした味わいに。サラダ感覚で食べられます。

1 5つの定番作りおきおかず　根菜の五目煮

野菜の定番作りおき ⑤

野菜の焼きびたし
和風仕立てでストレートに味わう

めんつゆを使うから簡単！

しょうがでサッパリ食が進む！

しょうゆ

⏰ 20分　冷蔵 3日　冷凍 ✕

●材料（4～5人分）
- かぼちゃ……………… 250g
- オクラ………………… 4本
- なす…………………… 2本
- プチトマト…………… 8個
- ごま油………………… 大さじ2
- A
  - 水……………………… 300㎖
  - めんつゆ（3倍希釈）… 100㎖
  - おろししょうが……… 1片分

●作り方

1. かぼちゃは薄切りにする。なすは皮を縞目にむいて、斜め輪切りにする。オクラはガクを取る。

2. 保存容器に**A**を合わせる。

3. フライパンにごま油大さじ1を中火で熱して**1**のかぼちゃを焼き、両面をこんがり焼く。焼きあがったらに**2**に漬ける。

4. フライパンをさっとふき、残りのごま油を加えて**1**のなすとオクラ、ヘタつきのプチトマトを加えて焼く。焼きあがったら順に**2**に漬ける。

調理のポイント
かぼちゃは焼き面が広いので、かぼちゃのみで焼き、その他の野菜はまとめて焼くと◎。

保存の名人アドバイス

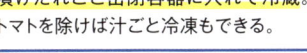

漬けだれごと密閉容器に入れて冷蔵。トマトを除けば汁ごと冷凍もできる。

こんなときの ちょいかえ！

野菜の焼きびたしの簡単なアレンジ法をご紹介します。

昼食にしたいとき

そうめんにのせて

そうめんに氷、野菜の焼きびたしをのせ、漬け汁をかける。栄養もボリュームもアップ。

ちょっと残ったとき

豆腐のトッピングに

粗く刻み冷奴の上にのせておろししょうがを添える。好みで漬け汁をかけて。淡白な冷奴も彩り豊かに。

味を変えたいとき

バルサミコ酢をかけて

バルサミコ酢をかけてイタリアンに変身。まろやかな酸みが加わって、マリネ風になります。

1 5つの定番作りおきおかず

野菜の焼きびたし

野菜の食べるスープ

スープにすれば野菜がたっぷり食べられる！
さっぱり系からこってり系までいろいろ。

根菜ポトフ

⏰25分　冷蔵3日　冷凍✕

●材料（作りやすい分量）
かぶ……………………………2個
にんじん………………………1本
れんこん……………………大1節
ウインナーソーセージ………8本
A ┌ 水……………………800㎖
　│ コンソメスープの素（顆粒）
　│　　　　　　　　　…大さじ1
　│ 塩………………………小さじ½
　└ こしょう……………………少々
粒マスタード………………適量

●作り方
1 かぶは皮をむいて茎を少し残して縦4等分に切る。にんじん、れんこんは大きめの乱切りにする。
2 鍋にAと1、ソーセージを入れて具がやわらかくなるまで煮る。
3 器に盛り、粒マスタードを添える。

ピリ辛中華風野菜スープ

⏰15分　冷蔵3日　冷凍1か月

●材料（作りやすい分量）
にら……………………………½束
もやし、しめじ……………各1袋
豚バラ薄切り肉……………100g
ごま油………………………小さじ1
A ┌ 水……………………700㎖
　│ 鶏がらスープの素（顆粒）、酒
　│　　　　　　　　　…各大さじ1
　│ 豆板醤………………小さじ⅔
　└ 塩………………………小さじ¼

●作り方
1 にらは5cm長さに切る。しめじは石づきを取って小房に分ける。
2 豚肉は5cm幅に切る。
3 鍋にごま油を熱して2を炒め、肉の色が変わったら1のしめじ、もやしを加えて炒め、A、1のにらを加えて中火で6分ほど煮る。

野菜のトマトクリームスープ

⏰25分　冷蔵2日　冷凍1か月

●材料（作りやすい分量）
小松菜…………………………¼束
にんじん、セロリ…………各½本
玉ねぎ…………………………1個
ベーコン………………………3枚
バター………………………15g
小麦粉………………………大さじ1
A ┌ カットトマト缶……………1缶
　│ コンソメスープ（顆粒）…大さじ1
　└ 砂糖、塩、こしょう……各適量
生クリーム…………………120㎖

●作り方
1 小松菜はざく切りにする。
2 にんじん、セロリ、玉ねぎは1cm角に切る。ベーコンは1cm幅に切る。
3 フライパンにバターを溶かし、2を入れて炒め、小麦粉をふり入れてさらに炒める。Aを加えてふたをして弱火で10分ほど煮て、1、生クリームを加えて5分ほど煮る。

2

たっぷり食べられる 野菜デリ

野菜がたくさん食べられる、お店のような
デリおかずが簡単に作れるコツが満載！

 このマークのおかずを1人分食べると、
1日に食べたい野菜の目標量350gの半分の野菜が摂れます。

はちみつとマスタードのバランスが絶妙

チキンと野菜の マスタードマリネ

 酸っぱい

 20分　 冷蔵3日　 冷凍1か月

1日に必要な野菜 1/2 摂れる!!

材料チェンジ
- 粒マスタード大さじ2 ➡ 梅干し（たたく）大1個分
- しめじ2パック ➡ マッシュルーム2パック

チキンと野菜のマスタードマリネ

●材料（4人分）
- パプリカ（赤）……… 1½個
- しめじ……………… 2パック
- ブロッコリー………… 2株
- 鶏むね肉…………… 2枚
- 塩、こしょう、小麦粉… 各適量
- オリーブ油………… 大さじ1
- A
  - オリーブ油……… 大さじ5
  - 酢、粒マスタード 各大さじ2
  - はちみつ………… 大さじ1⅓
  - しょうゆ………… 大さじ1

●作り方
1. パプリカは乱切り、しめじは石づきを取ってほぐし、ブロッコリーは小房に分けてほぐし、茎は短冊に切る。
2. 鶏むね肉はひと口大のそぎ切りにして、塩、こしょう、小麦粉を薄くまぶす。
3. フライパンにオリーブ油を熱し、2を並べて焼き、焼き色がついたら裏返して弱火で蒸し焼きにする。
4. 鍋に湯を沸かし、塩少々（分量外）を入れて1のブロッコリーとしめじを加えて2～3分ゆで、1のパプリカを加えて1分ほどゆでる。ザルにあげて水けをよくきる。
5. バットに合わせたAに、3、4を熱いうちに漬ける。たまに返しながら味をなじませる。

これならラク!!

1つの鍋で材料をゆでる
ゆでる野菜は火が通りにくい野菜から順にお湯に投入すれば、別々にゆでなくてもOK。お湯を沸かす時間もゆで時間も短縮できる。

余った材料でもう一品

バターしょうゆの香りが◎

野菜のバターしょうゆ炒め

しょうゆ / 15分

●材料（2人分）
- ブロッコリー……… 1株
- パプリカ（赤）……… ½個
- バター……………… 15g
- しょうゆ…………… 大さじ1
- こしょう…………… 少々

●作り方
1. ブロッコリーは小房に分けてさっとゆでる。
2. パプリカは半分の長さに切って細切りにする。
3. フライパンにバターを溶かして1、2を炒め、しょうゆ、こしょうを加えて炒め合わせる。

たっぷりきのこをピリ辛で！　パスタにかけても◎

4種のきのこのペペロンチーノ

ピリ辛 / 15分 / 冷蔵3日 / 冷凍1か月

材料チェンジ
- きのこ全量 ➡ じゃがいも3個
- にんにく1片 ➡ しょうが1片

●材料（作りやすい分量）

しいたけ	12枚
マッシュルーム	12個
まいたけ	1パック
えのきだけ	1パック
にんにく	1片
赤唐辛子	1本
オリーブ油	大さじ3
塩	小さじ1/3

●作り方

1. きのこはすべて石づきを取る。しいたけとマッシュルームは半分に切り、まいたけとえのきだけは食べやすくほぐす。

2. にんにくは薄切りにする。赤唐辛子は種を除く。

3. 大きめのフライパンにオリーブ油と2を入れて弱火にかける。香りが立ったら塩を加えて混ぜ、1を入れてふたをして少し蒸す。かさが減ったら、混ぜながらきのこがしんなりするまで炒める。

これならラク‼

きのこは大きめに切って
きのこは火が通りやすいので、ざっくり大きめにカットでOK。きのこは何でも合うが、数種類混ぜると食感が楽しめる。

ブロッコリーを加えて味も満腹感もアップ！

かぼちゃのデリ風くるみサラダ

 まろやか

 20分　 冷蔵4日　 冷凍1か月

1日に必要な野菜 1/2 摂れる!!

材料チェンジ
- マヨネーズ70g ➡ 粒マスタード大さじ3
- ブロッコリー1株 ➡ 玉ねぎ1/2個、枝豆50g

●材料（4人分）
- かぼちゃ ……………… 正味600g
- ブロッコリー …………………… 1株
- くるみ ………………………… 60g
- A
  - マヨネーズ ………………… 70g
  - はちみつ ………………… 大さじ1 1/2
  - 塩、こしょう ……………… 各少々

●作り方

1 かぼちゃは1.5cm角に切り、ブロッコリーは小房に分けて茎は1.5cm角に切る。

2 1のかぼちゃを耐熱皿に入れて電子レンジ（600W）で8分ほど加熱し、半量はマッシャーでつぶす。1のブロッコリーも電子レンジ（600W）で3分ほど加熱する。

3 くるみは粗く刻んでフライパンに広げ、中弱火でから煎りする。

4 ボウルにAを入れて混ぜ、粗熱をとった2、3を加えてあえる。

これならラク!!

かぼちゃはレンジ加熱で
かぼちゃは電子レンジで加熱すれば、短時間でホクホクに。水っぽくならないので、ドレッシングがよくしみ込む。

とろ～りバルサミコ酢で野菜のうまみアップ！

彩り野菜の
バルサミコグリル

酸っぱい

40分　冷蔵4日　冷凍1か月

1日に必要な野菜 1/2 摂れる!!

材料チェンジ
- にんじん1½本 ➡ れんこん1節
- なす3本 ➡ かぶ3個

彩り野菜のバルサミコグリル

●材料（4人分）
なす	3本
パプリカ（黄）	1½個
グリーンアスパラガス	4本
にんじん	1½本
オリーブ油	適量
塩	少々
バルサミコ酢	150㎖
A［レモン汁	小さじ2
オリーブ油	大さじ1
塩］	少々

●作り方
1. なすはヘタを落として1本を4等分の斜め切り、パプリカは縦2cm幅に切る。アスパラガスはかたい根元を切ってはかまを取り、長さを半分に切る。
2. にんじんは大きめの乱切りにしてラップに包み、電子レンジ（600W）で3分加熱する。
3. 天板にアルミホイルを敷き、1、2を並べ、オリーブ油をまわしかけて塩をふり、200℃のオーブンで20分ほど焼く。
4. 小鍋にバルサミコ酢を入れてたまに混ぜながら煮詰める。Aを加えて泡立て器で混ぜながらとろりとするまで加熱し、器に盛った3にかける。

これならラク!!

オーブンなら一気に焼ける
天板に広げてオーブンに入れれば、あとは待つだけ。オリーブ油をかければジューシーに焼きあがる。オーブンがなければ魚焼きグリルで焼いて。

余った材料でもう一品

簡単ソースでカラフルに！

パプリカとにんじんのサラダ

まろやか
⏱10分

●材料（2人分）
パプリカ（黄）	½個
にんじん	½本
A［マヨネーズ	大さじ1
ヨーグルト、トマトケチャップ	各大さじ½
粒マスタード］	小さじ½

●作り方
1. パプリカは角切りにする。にんじんは輪切りにして塩少々（分量外）ふってもみ、しばらくおいて水けをしぼる。
2. ボウルにAを入れて混ぜ、1を加えてあえる。

栄養たっぷり和風サラダはわさびしょうゆ味で！

れんこんとひじきの和風サラダ

 15分
 冷蔵3日
 冷凍×

1日に必要な野菜 1/2 摂れる!!

材料チェンジ
- 水菜200g ➡ **キャベツ200g**
- 練りわさび小さじ1 ➡ **粒マスタード小さじ1**

●材料（4人分）

ひじき（乾燥）	7g
れんこん	400g
水菜	200g
スイートコーン	大さじ3
A しょうゆ	大さじ3
ごま油、酢	各大さじ1
練りわさび	小さじ1

●作り方

1 ひじきはさっと洗って耐熱ボウルに入れ、水200㎖（分量外）を注いでラップをし、電子レンジ（600W）で3分加熱し、水けをきって冷ます。

2 れんこんは皮をむいて1cm厚さのいちょう切りにし、酢少々（分量外）を加えた熱湯でゆでる。

3 水菜はざく切りにする。

4 ボウルにAを入れて混ぜ、1、2、3、スイートコーンを加えてあえる。

これならラク!!

ひじきはレンジ加熱で
水からもどすと30分ほどかかるが、電子レンジを使えば3分！短時間でふっくら仕上がる。

プチトマトなら切る手間なし！

トマトのコロコロカプレーゼ

 10分
 冷蔵3日
 冷凍×

2 たっぷり食べられる野菜デリ

れんこんとひじきの和風サラダ／トマトのコロコロカプレーゼ

材料チェンジ
- モッツァレラチーズ2個 ➡ クリームチーズ200g
- はちみつ大さじ1を最後に加える

●材料（4人分）
プチトマト（赤、黄）	各16個
モッツァレラチーズ	2個（200g）
黒オリーブ（種抜き）	10個
塩	小さじ⅓
粗びき黒こしょう	適量
オリーブ油	大さじ3
バジル	適量

●作り方
1 プチトマトはヘタを取る。モッツァレラチーズはトマトと同じくらいの大きさに切る。

2 ボウルに塩、粗びき黒こしょう、オリーブ油を入れて混ぜ、1と黒オリーブを加えてあえ、器に盛り、バジルを飾る。

これならラク!!

あえるだけで簡単！
プチトマトもオリーブもカットする必要なし！ 調味料とあえるだけで華やかなサラダが完成。ひと口大のモッツァレラチーズを使っても◎。

ピリ辛ナンプラー味が刺激的！

エスニック

にんじんのタイ風サラダ

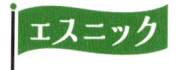

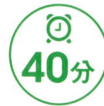

40分　冷蔵 4日　冷凍 1か月

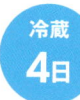

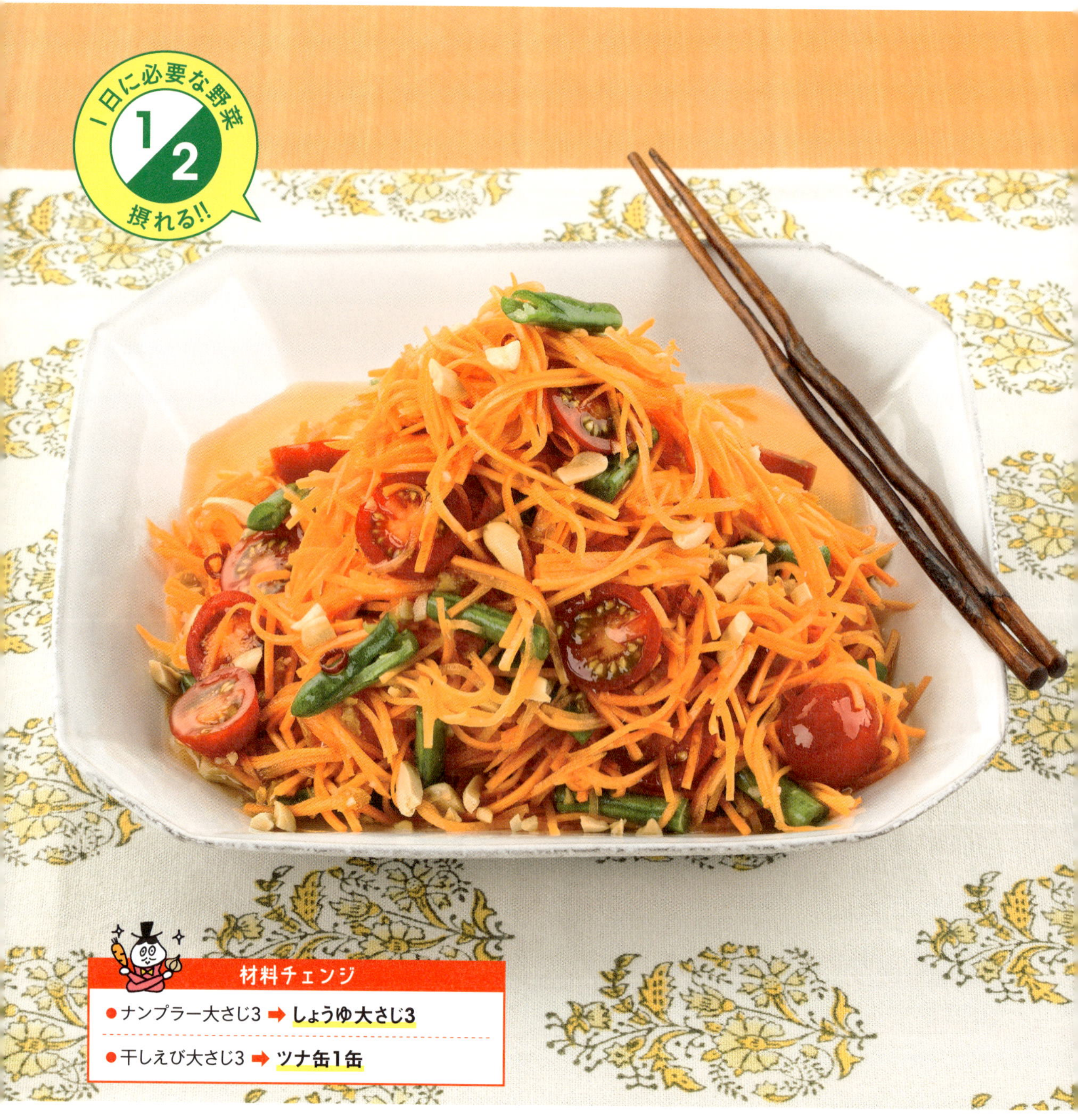
1日に必要な野菜
1/2
摂れる!!

材料チェンジ

- ナンプラー大さじ3 ➡ **しょうゆ大さじ3**
- 干しえび大さじ3 ➡ **ツナ缶1缶**

にんじんのタイ風サラダ

●材料（4人分）
- にんじん……………………2⅓本
- プチトマト……………………12個
- さやいんげん…………………8本
- バターピーナッツ…………大さじ3
- A
  - レモン汁……………………大さじ4
  - ナンプラー、干しえび（粗く刻む）……………各大さじ3
  - 砂糖……………………大さじ2
  - にんにく（みじん切り）……………………1片分
  - 赤唐辛子（輪切り）……………………2〜3本分

●作り方
1. にんじんはスライサーで細切りにする。
2. プチトマトはヘタを取って横半分に切る。さやいんげんは包丁の腹でつぶして3cm長さに切る。バターピーナッツは粗く砕く。
3. ボウルにAを入れて混ぜ、1、2を加えてあえる。

これならラク!!

にんじんのせん切りはスライサーにおまかせ
にんじんのせん切りはスライサーを使えば時間短縮。にんじんの切り口がギザギザになって、ドレッシングがよくなじむ。

余った材料でもう一品

電子レンジでチンするだけ！

にんじんといんげんのレンジグラッセ

 甘い

 10分

●材料（2人分）
- にんじん……………………⅔本
- さやいんげん…………………4本
- A
  - バター……………………15g
  - 砂糖……………………小さじ½

●作り方
1. にんじんは皮をむいて5mm厚さの輪切りにする。さやいんげんは筋を取って3〜4等分の長さに切る。
2. 耐熱ボウルに1とAを入れてラップをして、電子レンジ（600W）で3分加熱する。

生野菜ストックでいつでもサラダ

生野菜を切って冷蔵しておけば、いつでもささっとサラダが完成。
ドレッシング、ディップ、トッピングの組み合わせで飽きずにたのしめます。

基本の生野菜ストック

レタス
→ ひと口大にちぎる

レタスはひと口大にちぎる。切り口が赤くなることがあるが、酵素の働きで、傷んでいるわけではない。

水菜
→ 5cm長さに切る

水菜は全体をシャキッとさせてから5cm長さに切る。葉が水を含みやすいので、念入りに水きりを。

大根
→ 5cm長さのせん切り

大根は皮をむき、5cm長さのせん切りにして、冷水につけてシャキッとさせる。カットした大根は切り口が真っ白で新鮮なものを。

プラスできる生野菜ストック

基本のストックにプラスできる野菜を紹介します。

水菜にスイートコーンをプラス

玉ねぎ
縦に薄切りにして水にさらす。

パプリカ
5cm長さの薄切りにする。

ピーマン
種を取って2mm厚さの輪切りする。

にんじん
皮をむいて5cm長さのせん切りにする。

スイートコーン
しっかり水けをきれば缶詰でOK。

生野菜ストックの作り方

①　野菜を切る

野菜は新鮮なものを選び、よく洗って食べやすい大きさに切る。葉野菜は、切る前に冷水に浸けてシャキッとさせておくとよい。

②　水けをしっかりときる

余分な水けをしっかりときっておけば、シャキッと感を保って保存できる。2つのザルを重ねて上下にふると、しっかり水きりができる。

③　保存容器に入れる

保存容器に水でぬらしてしぼったペーパータオルをしいて、野菜を入れる。保存容器は密閉できるものにして。

✔ ペーパータオルを替えて

保存容器にしいたペーパータオルが乾燥していたら、ペーパータオルを取り替えて。また、野菜の水きりが甘いとタオルが水びたしになっていることがあるので、その場合も取り替える。野菜ストックを作った次の日にチェックして。

食べ方例

さっぱりして夜食にもぴったりな組み合わせ

- 生野菜ストック：レタス＋パプリカ＋スイートコーン
- ドレッシング：梅かつおドレッシング

ふんわり盛ってボリュームたっぷりの組み合わせ

- 生野菜ストック：大根＋にんじん
- ドレッシング：サウザンドレッシング
- トッピング：スライスアーモンド

ドレッシング

混ぜるだけでできる、簡単なドレッシングを紹介します。
和風、洋風、中華風といろいろな味が勢ぞろい！
生野菜ストックとの組み合わせをたのしんで。

ドレッシングの作り方

ジャムなどの空き瓶に材料を入れて

ふたをして混ぜれば約6回分が完成！

粒マスタードドレッシング 冷蔵1週間

粒マスタード	大さじ1
白ワインビネガー	大さじ3
塩	小さじ¼
粗びき黒こしょう	少々
サラダ油	大さじ5

黒ごまドレッシング 冷蔵1週間

黒ねりごま	大さじ2
酢	大さじ3
しょうゆ、砂糖	各大さじ1
サラダ油	大さじ1

みそハニードレッシング 冷蔵1週間

みそ、酢、はちみつ	各大さじ2
白すりごま	大さじ1
ごま油	大さじ1

梅かつおドレッシング 冷蔵1週間

梅肉（たたく）	2個分
かつお節	½袋（3g）
しょうゆ、みりん	各大さじ1
酢	大さじ2
サラダ油	大さじ4

香味中華ドレッシング 冷蔵3日

長ねぎ（みじん切り）	10cm分
しょうが（みじん切り）	1片分
酢、しょうゆ	各大さじ2
豆板醤	小さじ⅓
ごま油	大さじ4

サウザンドレッシング 冷蔵3日

マヨネーズ	大さじ4
トマトケチャップ	大さじ2
酢	大さじ1
玉ねぎ（みじん切り）	大さじ1
パプリカパウダー	小さじ½
塩、こしょう	各少々

ディップ

野菜をバリバリ食べたくなる、ディップを4種類紹介します。

アボカド塩麹ディップ

冷蔵 3日

●オススメ野菜
にんじん
ゆでカリフラワー

●材料（作りやすい分量）
アボカド ………… 1個
塩麹 ………… 大さじ1
レモン汁 ……… 小さじ½

●作り方
アボカドは種と皮を取ってボウルに入れ、塩麹、レモン汁を加えてフォークでつぶしながら混ぜる。

くるみみそディップ

冷蔵 3日

●オススメ野菜
大根
きゅうり

●材料（作りやすい分量）
くるみ ………… 35g
マヨネーズ …… 大さじ5
みそ ………… 大さじ2

●作り方
くるみは粗く刻んで、焦げないよう少し色づくまで弱火で炒り、マヨネーズ、みそを混ぜる。

ツナガーリックディップ

冷蔵 3日

●オススメ野菜
ゆでブロッコリー
ゆでさやいんげん

●材料（作りやすい分量）
ツナ（缶詰） ……… 2缶
A ┌ マヨネーズ …… 大さじ4
  │ 粉チーズ …… 大さじ2
  │ おろしにんにく … 小さじ¼
  └ 塩、粗びき黒こしょう 各少々

●作り方
ツナは缶汁をよくきり、Aと混ぜる。

明太クリームディップ

冷蔵 3日

●オススメ野菜
キャベツ
ゆでアスパラガス

●材料（作りやすい分量）
明太子 ……… 1腹（50g）
クリームチーズ …… 80g
A ┌ プレーンヨーグルト
  │   … 小さじ2
  └ レモン汁 … 小さじ⅔

●作り方
クリームチーズは室温に戻してやわらかくし、薄皮を取った明太子、Aとよく混ぜる。

トッピング

サラダと組み合わせてたのしめるトッピングをプラスしたい食感、味ごとに紹介します。

＋カリカリ

スライスアーモンド　クルトン　ポテトチップス　くるみ

ナッツ類は炒ってから使うと香ばしさがたのしめる。くるみはサラダにのせるときに適当な大きさに割って。

＋甘み

レーズン　クランベリー

酸みもプラスされるドライフルーツ。まろやかなドレッシングに。

＋うまみ

粉チーズ　ツナ

サラダにコクが出る。いろいろなドレッシングに気軽に試して。

野菜の食べるスムージー

野菜不足だなと思ったら、果物を加えたさっぱりスムージーで手軽に野菜を補給!

スムージーの作り方
下ごしらえをした材料をミキサーに入れ、なめらかになるまでかくはんする。

ほうれん草プルーンスムージー

●材料(2人分)
- ほうれん草 …… 100g →ざく切り
- オレンジ …… 2個 →皮をむきひと口大
- プルーン …… 5個
- 水 …… 150mℓ

パプリカトマトスムージー

●材料(2人分)
- パプリカ(赤) …… 1個 →種を取りひと口大
- トマト …… 1個 →ヘタを取りひと口大
- グレープフルーツ …… 1個 →皮をむきひと口大
- 水 …… 150mℓ

キャロットりんごスムージー

●材料(2人分)
- にんじん …… 小1本 →1cmの半月切り
- りんご …… 1個 →芯を取りひと口大
- レモン …… 1個 →皮と種を取る
- 水 …… 200mℓ

レタスマンゴースムージー

●材料(2人分)
- レタス …… 100g →ちぎる
- マンゴー …… 2個 →皮と種を取りひと口大
- レモン汁 …… 大さじ1
- 水 …… 150mℓ

チンゲン菜アボカドスムージー

●材料(2人分)
- チンゲン菜 …… 1株 →ざく切り
- アボカド …… 1個 →皮と種を取りひと口大
- バナナ …… 1本 →皮をむいてちぎる
- 水 …… 200mℓ

3

材料別 野菜の作りおきおかず

35種類の野菜で149品のおかずができる！
我が家の定番おかずがきっと見つかります。

食材リスト ①

にんじん

根菜の中でも比較的煮くずれしにくい。油と加熱することで栄養分の吸収率が増します。

作りおきに使う分量

3本（600g）

チェック
・なめらかでハリがある
・オレンジ色が鮮やか

冷蔵保存法

保存袋に入れて冷蔵庫に立てて保存。冬はポリ袋に入れて常温保存。

旬カレンダー 11〜2月

1月 2月 3月 4月 5月 6月 7月 8月 9月 10月 11月 12月
※新にんじんは4〜5月

栄養
- カロテン⇒皮膚や粘膜を強くし、免疫力アップにも効果的。
- カリウム⇒余分な塩分を排出して、むくみ解消に。

酸っぱい

にんじんとレーズンの相性は抜群

にんじんとレーズンのマリネ

⏱10分　冷蔵4日　冷凍1か月

●材料（4〜5人分）
- にんじん　　　　　　　3本（600g）
- 塩　　　　　　　　　　小さじ¼
- レーズン　　　　　　　40g
- A
  - レモン汁、オリーブ油　各大さじ2
  - 塩　　　　　　　　　小さじ⅓
  - こしょう　　　　　　少々

●作り方
1. にんじんは皮をむき、5cm長さの太めのせん切りにする。
2. 1をボウルに入れて塩をふってもみ、5分ほどおいて水けをしぼる。
3. 2にレーズン、混ぜ合わせたAを加え、よくあえる。

材料チェンジ
- レーズン40g ➡ **オリーブ40g**
- オリーブ油大さじ2 ➡ **ごま油大さじ2**

3 材料別 野菜の作りおきおかず にんじん

にんじんとこんにゃくの炒め煮

エスニック 20分 / 冷蔵4日 / 冷凍1か月

ごま油とコチュジャンで韓国風に

● 材料（4〜5人分）
- にんじん……3本（600g）
- ちくわ……3本
- こんにゃく……100g
- ごま油……大さじ1
- A
  - しょうゆ……大さじ4
  - 砂糖……大さじ2
  - みりん、酒……各大さじ1
  - コチュジャン……小さじ2

● 作り方
1. にんじんは皮をむき、ちくわとともに小さめの乱切りにする。こんにゃくはスプーンでひと口大にちぎり、熱湯で5分ほどゆで、ザルにあげる。
2. フライパンにごま油を中火で熱し、1のにんじんとこんにゃくを炒める。
3. 全体に油がまわったら、1のちくわを加えて弱火で炒め、Aを加えて汁けがなくなるまで炒める。

調味料使い回し
ごま油と使えば韓国風の味わいに。
コチュジャン
→ P13 ピリ辛ポテサラ
→ P129 さつまいものコチュジャン炒め

にんじんのレンジハニーピクルス

甘い 20分 / 冷蔵4日 / 冷凍4日

大きめに切れば食べごたえあり

● 材料（4〜5人分）
- にんじん……3本（600g）
- カリフラワー……½株
- A
  - 白ワインビネガー……100mℓ
  - 水……80mℓ
  - はちみつ……大さじ2
  - 塩……小さじ½
  - 黒粒こしょう……6粒

● 作り方
1. にんじんは皮をむき、8mm厚さの輪切りにする。カリフラワーは小房に分ける。
2. 耐熱ボウルに1、Aを入れて混ぜ、ふんわりとラップをかけて電子レンジ（600W）で12分加熱する。
3. 全体を混ぜ、粗熱がとれたら、冷蔵庫で3時間ほど冷やして味をなじませる。

保存の名人アドバイス
汁ごと冷蔵保存容器に入れて冷蔵。大きめに切ったにんじんにもよく味がしみ込む。

塩

プチプチしたたらこの食感が楽しい
にんじんのたらこ炒め

⏰ 15分　冷蔵 3日　冷凍 1か月

●材料（4〜5人分）
にんじん …… 3本（600g）
さやいんげん ……… 4本
たらこ ………………… 1腹
ごま油 ………… 大さじ1
A ［ 薄口しょうゆ、酒 …… 各大さじ1 ］

●作り方
1. にんじんは拍子木切り、さやいんげんは筋を取り、斜め切りにする。
2. たらこは薄皮を取って中身を取り出す。
3. フライパンにごま油を中火で熱し、1のにんじんを入れて炒め、少ししんなりしたら、1のさやいんげんを加えて炒める。
4. 2をほぐしながら加えて炒め、たらこの色が変わったらAを加えて炒め合わせる。

材料チェンジ
- にんじん3本 ➡ **ごぼう2本**
- たらこ1腹 ➡ **明太子1腹**

塩

にんじんの甘みが引き立つ！
にんじんガレット

⏰ 25分　冷蔵 4日　冷凍 1か月

●材料（4〜5人分）
にんじん …………… 3本（600g）
くるみ ………………………… 20g
塩、粗びき黒こしょう …… 各少々
片栗粉 ………………………… 大さじ3
サラダ油 ……………………… 大さじ3

●作り方
1. にんじんは皮をむいてせん切りにし、くるみは包丁で粗く刻む。ボウルに入れ、塩、粗びき黒こしょう、片栗粉を加えて混ぜる。
2. フライパンにサラダ油大さじ1を中火で熱し、1の1/3量を入れて広げ、フライ返しで押しつけるようにして両面をカリッと焼く。残りも同様に焼く。
3. 焼きあがった2を食べやすい大きさに切る。同様にあと2枚作る。

調理の早ワザ
にんじんのせん切り
細いほうが火が通りやすいのでなるべく細くせん切りに。スライサーを使うと時短できる。

3 材料別 野菜の作りおきおかず

にんじん

みそ

卵と炒めて彩りよく

にんじんと卵の
みそ炒め

⏱15分 / 冷蔵3日 / 冷凍1か月

●材料（4〜5人分）
- にんじん ……… 3本（600g）
- 卵 ……… 2個
- サラダ油 ……… 大さじ1
- A
  - 酒 ……… 大さじ3
  - みそ ……… 大さじ2
  - 砂糖 ……… 小さじ1

●作り方
1. にんじんは皮をむいてピーラーで薄く切る。
2. ボウルに卵を割り入れて溶きほぐす。
3. フライパンにサラダ油を中火で熱し、1を炒める。
4. にんじんがしんなりしたら、Aを加え、2を回し入れて炒め合わせる。

材料チェンジ
- みそ大さじ2 ➡ **しょうゆ大さじ1**
- 卵2個 ➡ **厚揚げ1枚**

エスニック

かつお節を効かせた和風エスニック

にんじんとわかめの
ナンプラーあえ

⏱10分 / 冷蔵4日 / 冷凍1か月

●材料（4〜5人分）
- にんじん ……… 3本（600g）
- わかめ（乾燥） ……… 10g
- 塩 ……… 少々
- A
  - ナンプラー ……… 大さじ3
  - レモン汁、ごま油 各大さじ1
  - 砂糖 ……… 小さじ1
  - かつお節 ……… 5g

●作り方
1. にんじんは皮をむいて半月切りにし、ボウルに入れて塩をふってもみ、5分ほどおき水けをしぼる。
2. わかめは水でもどして、水けをよくきる。
3. Aを入れて混ぜ、1、2を加えてよくあえる。

材料チェンジ
- ナンプラー大さじ3 ➡ **塩麹大さじ2**
- わかめ（乾燥）10g ➡ **ひじき（乾燥）10g**

食材リスト ②

ブロッコリー

主につぼみの集まった部分を食べますが、やわらかい茎にも栄養がたっぷり。捨てずに使いましょう。

作りおきに使う分量
2株（400g）

チェック つぼみが密集している

チェック 茎の切り口がみずみずしい

冷蔵保存法
ポリ袋に入れるかラップに包んで冷蔵庫の野菜室へ。

旬カレンダー 11〜3月

1月	2月	3月	4月	5月	6月	7月	8月	9月	10月	11月	12月

栄養
- ビタミンC⇒キャベツの3〜5倍、レモンの2倍の含有量。肌荒れ予防に。
- カロテン⇒抗酸化作用でがん予防にも。

酸っぱい

主食にもなる栄養たっぷりサラダ
ブロッコリーと押し麦のサラダ

25分 / 冷蔵3日 / 冷凍1か月

●材料（4〜5人分）
- ブロッコリー ………… 2株（400g）
- 押し麦 ……………… 80g
- パプリカ（赤）……… ½個
- スイートコーン缶 … 大さじ3

A
- 粒マスタード、バルサミコ酢、オリーブ油 ………… 各大さじ2
- 塩、砂糖 … 各小さじ½
- こしょう ………… 少々

●作り方

1 鍋に湯を沸かし、塩少々（分量外）を入れ、押し麦を15分ゆでてザルにあげ、さっと流水にさらし、水けをきる。

2 ブロッコリーは小房に分け、熱湯で長めに10分ほどゆでてザルにあげ、ボウルに入れて木べらでつぶす。パプリカは1cm角に切る。

3 2のボウルにAを加えてよく混ぜ合わせ、1、パプリカ、スイートコーンを加えて混ぜ合わせる。

材料チェンジ
- ブロッコリー1株 ➡ **カリフラワー1株**
- 押し麦80g ➡ **ショートパスタ80g**

3 材料別 野菜の作りおきおかず

ブロッコリー

しょうゆ
ごま油とザーサイで中華風に
ブロッコリーとほたてのザーサイ炒め

⏱15分 / 冷蔵3日 / 冷凍1か月

●材料（4〜5人分）
- ブロッコリー……2株（400g）
- ザーサイ……40g
- ほたて貝柱……6個
- 塩、こしょう……各少々
- ごま油……大さじ1½
- A
  - 酒……大さじ3
  - しょうゆ……小さじ2

●作り方
1. ブロッコリーは小房に分けて熱湯でさっとゆでる。ザーサイは粗みじん切りにする。
2. ほたて貝柱は厚みを半分に切り、塩、こしょうで下味をつける。
3. フライパンにごま油を中火で熱し、2を炒める。
4. ほたてに火が通ったら、1のブロッコリーとザーサイ、Aの順に加えて炒め合わせる。

保存の名人アドバイス
ブロッコリーの房部分が重ならないように冷凍用保存袋に入れて冷凍。平らになるように入れること。

しょうゆ
焼きのりとわさびで和風サラダ
ブロッコリーののりドレびたし

⏱15分 / 冷蔵3日 / 冷凍1か月

●材料（4〜5人分）
- ブロッコリー……2株（400g）
- 焼きのり……4枚
- A
  - だし汁……100㎖
  - しょうゆ、みりん……各大さじ5
  - 白いりごま……大さじ2
  - 練りわさび……小さじ1
  - 塩……少々

●作り方
1. ブロッコリーは小房に分けて縦半分に切り、熱湯でさっとゆでる。
2. 焼きのりはさっとあぶり、ちぎりながらボウルに入れ、Aを加えて、のりがふやけるまでよく混ぜる。
3. 1を加えて混ぜ、味がなじむまでおく。

調味料使い回し　練りわさび
ローストビーフなど肉につけてもおいしい。和風のピリ辛味つけのアクセントに。
➡P30 れんこんとひじきの和風サラダ

ピリ辛

赤唐辛子を入れてペペロンチーノ風に

ブロッコリーの
ガーリック炒め

⏱ 15分　冷蔵 3日　冷凍 1か月

●材料（4〜5人分）

ブロッコリー……… 2株（400g）
黒オリーブ（水煮）……… 20粒
にんにく……………………… 2片
赤唐辛子（輪切り）……… 2本分
オリーブ油……………… 大さじ3
塩、粗びき黒こしょう… 各少々

●作り方

1. ブロッコリーは小房に分けて熱湯でさっとゆでる。
2. 黒オリーブは輪切り、にんにくはみじん切りにする。
3. フライパンにオリーブ油、2のにんにく、赤唐辛子を入れて弱火にかけ、香りが立ったら1、2の黒オリーブを加えて炒め、塩、粗びき黒こしょうで味を調える。

あまったら冷凍！
皮をむいてから、薄皮をむいて1片ずつそのまま冷凍用保存袋に入れる。

まろやか

ソーセージ入りのボリューミーおかず

ブロッコリーの
コーンチーズ炒め

⏱ 15分　冷蔵 3日　冷凍 1か月

●材料（4〜5人分）

ブロッコリー……… 2株（400g）
ウインナーソーセージ……… 6本
スイートコーン缶……… 大さじ4
オリーブ油……………… 大さじ2
粉チーズ………………… 大さじ4
塩、こしょう…………… 各少々

●作り方

1. ブロッコリーは小房に分けて熱湯でさっとゆでる。
2. ソーセージは斜め3等分に切る。
3. フライパンにオリーブ油を中火で熱し、1、2を炒め、ソーセージに焼き色がついたらスイートコーン、粉チーズ、塩、こしょうを加えて炒め合わせる。

材料チェンジ
● ウインナーソーセージ6本 ➡ **厚切りベーコン100g**
● オリーブ油大さじ2 ➡ **バター大さじ2**

3 材料別 野菜の作りおきおかず

ブロッコリー

塩 ⏰15分 / 冷蔵3日 / 冷凍1か月

アンチョビがよくしみておいしい
ブロッコリーのアンチョビワイン蒸し

●材料（4～5人分）
- ブロッコリー ……… 2株（400g）
- 玉ねぎ ……… ½個
- アンチョビ ……… 2枚
- オリーブ油 ……… 大さじ1
- 白ワイン ……… 100㎖
- 塩、粗びき黒こしょう ……… 各少々

●作り方
1. ブロッコリーは小房に分け、玉ねぎはくし形切りにする。アンチョビは細かく刻む。
2. フライパンに1のアンチョビ、オリーブ油を入れて中火で熱し、1のブロッコリーと玉ねぎを加えて炒め合わせる。
3. 全体に油がまわったら、白ワインを加え、ふたをして弱火で蒸し焼きにする。ブロッコリーがやわらかくなったら、塩、粗びき黒こしょうで味を調える。

材料チェンジ
- アンチョビ2枚 ➡ いかの塩辛20g
- 白ワイン100㎖ ➡ 酒100㎖

まろやか ⏰15分 / 冷蔵3日 / 冷凍✕

ピーナッツバターでコクをプラス
ブロッコリーの変わり白あえ

●材料（4～5人分）
- ブロッコリー ……… 2株（400g）
- 木綿豆腐 ……… 1丁
- A［ ピーナッツバター ……… 大さじ4
      しょうゆ ……… 大さじ2
      みそ、砂糖 ……… 各大さじ1 ］

●作り方
1. ブロッコリーは小房に分けて熱湯でさっとゆでる。
2. 木綿豆腐はペーパータオルで包んで耐熱皿にのせ、電子レンジ（600W）で2分加熱する。
3. 2をすり鉢に入れてなめらかにすりつぶし、Aを加えてすり混ぜ、1を加えてさっとあえる。

材料チェンジ
- ピーナッツバター大さじ4 ➡ 黒練りごま大さじ4
- ブロッコリー2株 ➡ さやいんげん2袋

47

食材リスト ③

トマト、プチトマト

生でだけでなく、加熱してもおいしい野菜。油といっしょに加熱することで栄養分の吸収率がアップします。

作りおきに使う分量

トマト2個（300g） ※プチトマトは2パック

チェック：皮にハリとツヤがある
チェック：ヘタが新鮮

冷蔵保存法

ヘタを下にして重ならないようにポリ袋に入れ冷蔵庫の野菜室へ。

旬カレンダー　6〜9月

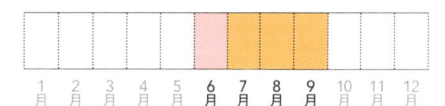

1月	2月	3月	4月	5月	6月	7月	8月	9月	10月	11月	12月
					●	●	●	●			

栄養

- リコピン⇒抗酸化力が強く、活性酸素を除去。老化防止や美肌作りに。
- ビタミンP⇒ビタミンCの酸化を抑え、毛細血管を丈夫に。

エスニック

ごまとにんにくが食欲をそそる！

トマトの韓国風あえ物

⏰10分　冷蔵3日　冷凍×

● 材料（4〜5人分）

トマト	2個（300g）
長ねぎ	5cm
A　ごま油	大さじ1½
酢、白すりごま	各大さじ1
にんにく（すりおろし）	小さじ½
塩	少々

● 作り方

1. トマトはひと口大の乱切りにする。長ねぎはみじん切りにする。
2. ボウルにAを入れて混ぜ合わせ1を加えてあえる。

材料チェンジ

- トマト2個 ➡ ほうれん草1束
- 長ねぎ5cm ➡ しょうが1片

3 材料別 野菜の作りおきおかず

トマト、プチトマト

しょうゆ

炒めたトマトがジューシー

トマタマじゃこ炒め

⏱ 15分 / 冷蔵 3日 / 冷凍 ✕

●材料（4〜5人分）
- トマト……2個（300g）
- しょうが……1片
- 万能ねぎ……4本
- ちりめんじゃこ……30g
- サラダ油……大さじ1
- 卵……2個
- A ┃ 酒……大さじ1
  　┃ しょうゆ……小さじ1

●作り方
1. トマトはくし形切り、しょうがはみじん切り、万能ねぎは3cm長さに切る。
2. 卵は割りほぐし、Aを加えてよく混ぜる。
3. フライパンにサラダ油を中火で熱し、1のしょうが、ちりめんじゃこを炒める。
4. ちりめんじゃこがカリッとしたら、残りの1を加えてさっと炒め、2を流して大きくかき混ぜて卵に火を通す。

あまったら冷凍！
小分けにしてラップで包み、冷凍用保存袋に入れる。

酸っぱい

じっくり焼いたトマトは甘みアップ！

プチトマトのグリルマリネ

⏱ 125分 / 冷蔵 5日 / 冷凍 1か月

●材料（4〜5人分）
- プチトマト……2パック
- A ┃ 酢、オリーブ油……各大さじ4
  　┃ はちみつ……大さじ2
  　┃ バジル（乾燥）……小さじ1
  　┃ 塩……小さじ⅓〜½

●作り方
1. プチトマトは縦半分に切り、オーブンシートを敷いた天板に重ならないように並べ、100℃のオーブンで2時間ほど焼き、そのまま冷ます。
2. Aを混ぜ合わせ、1を加えて2時間以上漬ける。

保存の名人アドバイス
マリネ液ごと器に入れて、冷蔵する。油でコーティングされてしっとり感が保たれる。

食材リスト ④

玉ねぎ

切り方によって食感が変わります。加熱調理をすると辛みが抜けて、甘みとうまみが増します。

作りおきに使う分量

3個（600g）

チェック 上部がかたく締まっている

チェック 皮に傷がなく、ハリがある

冷蔵保存法

常温で風通しのよいところで保存。新玉ねぎはポリ袋に入れ冷蔵庫へ。

旬カレンダー 9〜3月

1月 2月 3月 4月 5月 6月 7月 8月 9月 10月 11月 12月

※新玉ねぎは4〜5月

栄養

- 硫化アリル⇒強い抗酸化作用があり、血液サラサラ食材。疲労回復にも。
- フラボノイド⇒毛細血管を強くする作用がある。

塩

皮ごと使って見た目も楽しく

玉ねぎの塩昆布蒸し

⏱10分 / 冷蔵4日 / 冷凍1か月

● 材料（4〜5人分）

玉ねぎ……………… 3個（600g）
塩昆布……………………… 30g
バター……………………… 30g

● 作り方

1 玉ねぎは皮つきのまま上下を切り落とし、横半分に切る。

2 1の切り口を上にして耐熱皿に並べ、塩昆布、バターを等分にのせ、ふんわりとラップをかけて電子レンジ（600W）で8分加熱する。

材料チェンジ

- 玉ねぎ3個 ➡ かぶ4個
- バター30g ➡ ごま油大さじ2

3 材料別 野菜の作りおきおかず

玉ねぎ

🚩 ピリ辛

⏱ 20分 / 冷蔵 4日 / 冷凍 1か月

みんな大好き！ピリ辛マヨネーズ味
玉ねぎの七味マヨ焼き

●材料（4〜5人分）
玉ねぎ……………………3個（600g）
A ┌ マヨネーズ……………大さじ3
　│ みそ、酒………………各大さじ1
　└ 七味唐辛子……………小さじ1

●作り方
1. 玉ねぎは皮をむき、1cm厚さの輪切りにして、アルミホイルを敷いたオーブントースターのトレイに並べる。
2. Aを混ぜ合わせ、1の表面にたっぷりと塗る。
3. オーブントースターで表面に焼き色がつくまで10〜12分ほど焼く。

材料チェンジ
- 白いりごま大さじ½をAに加える
- 玉ねぎ3個 ➡ なす5本

🚩 塩

⏱ 25分 / 冷蔵 4日 / 冷凍 1か月

丸ごと玉ねぎを使ったアイデア料理
玉ねぎのコンビーフ詰め煮

●材料（4〜5人分）
玉ねぎ……………………3個（600g）
コンビーフ………………1缶（100g）
塩、こしょう……………各少々
A ┌ 水………………………400ml
　│ 白ワイン………………60ml
　└ コンソメスープの素（顆粒）……小さじ1

●作り方
1. 玉ねぎは上下を少し切り落とし、スプーンで中身をくり抜く。くり抜いた玉ねぎはみじん切りにする。
2. ボウルに1のみじん切りの玉ねぎを入れ、コンビーフ、塩、こしょうを加えてよく混ぜる。
3. 1の玉ねぎの中に2を等分に詰め、鍋に並べてAを加えて落としぶたをして15分ほど煮る。

保存の名人アドバイス
スープごと冷蔵保存すると、翌日にはさらに味がしみ込んでおいしい。

しょうゆ

満腹感いっぱいのヘルシーメニュー

玉ねぎと牛肉の
チャプチェ風

⏰ 20分
冷蔵 3日
冷凍 1か月

●材料（4～5人分）
玉ねぎ …… 3個（600g）
にんじん ………… ⅓本
にら …………… ¼束
春雨（乾燥）……… 30g
合いびき肉 …… 100g
ごま油 ……… 大さじ1

A ┃ しょうゆ …… 大さじ4
　┃ 砂糖、みりん
　┃ 　……… 各大さじ1
　┃ にんにく
　┃ 　（すりおろし）
　┃ ………… 小さじ1

●作り方
1　玉ねぎは2cm幅のくし形切り、にんじんは短冊切り、にらは4cm長さに切る。春雨は熱湯で表示通りにゆでてザルにあげ、食べやすい長さに切る。
2　フライパンにごま油を中火で熱し、1の玉ねぎとにんじん、合いびき肉を炒める。
3　野菜に火が通ったら、残りの1を加えてさっと炒め、Aを加えて汁けがなくなるまで炒める。

保存の名人アドバイス
汁けもいっしょに冷凍用保存袋に入れ冷凍。表面が平らになるように入れる。

ピリ辛

白いごはんにもお酒にもピッタリ

玉ねぎとわかめの
ピリ辛ナムル

⏰ 15分
冷蔵 4日
冷凍 1か月

●材料（4～5人分）
玉ねぎ …………… 3個（600g）
わかめ（乾燥）…………… 10g

A ┃ 白いりごま …… 大さじ2
　┃ ごま油 ……… 大さじ1½
　┃ しょうゆ、ラー油…各大さじ1

●作り方
1　玉ねぎは2cm角に切る。わかめは水でもどす。
2　鍋に湯を沸かし、1をさっとゆで、ザルにあげる。
3　ボウルにAを入れて混ぜ、2を加えてあえる。

調味料使い回し
ラー油
ひとふりするだけでピリ辛な一品に大変身。
➡ P65 ピーマンといかのラー油あえ
➡ P76 なすの坦々風

3 材料別 野菜の作りおきおかず

玉ねぎ

ピリ辛

柚子こしょうで和風バンバンジー風に

玉ねぎとささみの柚子こしょうサラダ

⏱15分 / 冷蔵3日 / 冷凍✕

●材料（4～5人分）
- 玉ねぎ……………… 3個（600g）
- きゅうり……………………… 1本
- 鶏ささみ……………………… 3本
- 塩………………………………少々
- 酒…………………………… 大さじ2
- A
  - めんつゆ（3倍濃縮）… 大さじ4
  - 柚子こしょう……………小さじ1
  - 塩…………………………小さじ½

●作り方
1. 玉ねぎは薄切りにし、水にさらして水けをきる。きゅうりはせん切りにする。
2. 鶏ささみは筋を取って耐熱皿にのせ、塩、酒をふりかけ、ラップをして電子レンジ（600W）で2分加熱し、細かく手で裂く。
3. ボウルにAを入れて混ぜ、1、2を加えてあえる。

あまったら冷凍！
レンジで酒蒸しにして裂き、小分けにして冷凍用保存袋に入れる。

塩

肉を使わないヘルシーシューマイ

玉ねぎシューマイ

⏱30分 / 冷蔵4日 / 冷凍1か月

●材料（4～5人分）
- 玉ねぎ……… 3個（600g）
- 桜えび…………………50g
- 片栗粉…………………100g
- 水…………………… 大さじ1
- 塩………………… 小さじ½
- こしょう……………… 各少々
- シューマイの皮…… 50枚

●作り方
1. 玉ねぎはみじん切りにし、桜えびはざく切りにする。
2. ボウルに1、片栗粉、水、塩、こしょうを入れて混ぜ合わせる。
3. シューマイの皮に2をのせ、ぎゅっと握るようにして包む。
4. 耐熱皿にクッキングシートを敷き、3をのせ、水でぬらしたペーパータオルをのせ、ふんわりとラップをかけて電子レンジ（600W）で5分加熱する。

材料チェンジ
- 桜えび50g ➡ ほたて貝柱（乾燥）50g
- 桜えび50g ➡ ザーサイ50g

食材リスト ⑤

グリーンアスパラガス

繊維がしっかりしているので作りおきに向く野菜です。シャキシャキ感を保つため、火を通しすぎないようにします。

作りおきに使う分量

10本（250g）

チェック：穂先が締まっている
チェック：茎が太い

冷蔵保存法

少し水を入れたコップに立てて冷蔵庫に。1日1回水を入れ替える。

旬カレンダー　11〜4月

| 1月 | 2月 | 3月 | 4月 | 5月 | 6月 | 7月 | 8月 | 9月 | 10月 | 11月 | 12月 |

栄養

- アスパラギン酸⇒新陳代謝を活発に。疲労回復にも効果的。
- ルチン⇒穂先に多い。高血圧対策に。

塩

お弁当にぴったりのひと口おかず

アスパラのベーコン巻き

⏱ 15分　冷蔵 3日　冷凍 1か月

●材料（4〜5人分）
- グリーンアスパラガス……10本（250g）
- ベーコン……10枚
- サラダ油……大さじ½
- 塩、粗びき黒こしょう……各適量

●作り方

1 グリーンアスパラガスはかたい根元を切り、はかまを除いて熱湯でゆで、3等分の長さに切る。

2 ベーコン1枚にアスパラ1本分をのせて巻く。

3 フライパンにサラダ油を熱し、2の巻き終わりを下にして並べて焼き、表面に焼き色がつくまで焼く。塩、粗びき黒こしょうで調味する。

保存の名人アドバイス

冷凍用保存袋に並べて入れて冷凍。ラップに包まなくても1個ずつ取り出せて、お弁当のおかずに便利。

3 材料別 野菜の作りおきおかず

グリーンアスパラガス

まろやか

ビールのおつまみにぴったり
アスパラとじゃがいもの粒マスタードあえ

⏱15分 / 冷蔵3日 / 冷凍1か月

●材料（4～5人分）
グリーンアスパラガス……10本（250g）
じゃがいも……2個
A ┃ 粒マスタード、マヨネーズ……各大さじ2
　 ┃ 粉チーズ……大さじ1
　 ┃ 塩……少々

●作り方
1. じゃがいもは皮をむいて6等分に切り、耐熱ボウルに入れてラップをかけ、電子レンジ（600W）で5分ほど加熱する。
2. グリーンアスパラガスはかたい根元を切り、はかまを除いて熱湯でゆで、3cm長さに切る。
3. ボウルにAを入れて混ぜ、1と2を加えてあえる。

調味料使い回し 粒マスタード
プチプチ食感と酸味がアクセントに。
➡P24 チキンと野菜のマスタードマリネ
➡P99 小松菜とツナのサラダ

塩

するめいかとアスパラの絶妙コンビ
アスパラといかの塩にんにく炒め

⏱15分 / 冷蔵3日 / 冷凍1か月

●材料（4～5人分）
グリーンアスパラガス……10本（250g）
するめいか……1杯
にんにく……2片
赤唐辛子……1本
オリーブ油……大さじ1½
塩……小さじ½
こしょう……少々

●作り方
1. グリーンアスパラガスはかたい根元を切り、はかまを除いて斜め切りにする。するめいかは内臓と足を抜き、軟骨を取り除いて洗い、胴は1cmの輪切り、足は食べやすく切る。
2. にんにくは薄切りにする。赤唐辛子は種を取る。
3. フライパンにオリーブ油と2を入れて弱火にかけ、香りが立ったら1を炒め、塩、こしょうで調味する。

材料チェンジ
● するめいか1杯 ➡ えび（大）8尾
● にんにく2片 ➡ しょうが1片

55

食材リスト ⑥

レタス

茎を切ったときに白い汁が出ると新鮮です。生で食べることが多いですが、さっと炒めてもおいしい。

作りおきに使う分量

1玉（360g）

チェック
葉がみずみずしい

チェック
芯の切り口が白い

冷蔵保存法

丸ごとポリ袋に、カットしたら切り口にラップをして冷蔵庫の野菜室へ。

旬カレンダー

4〜5月（春レタス）

1月	2月	3月	4月	5月	6月	7月	8月	9月	10月	11月	12月

※夏秋レタス6〜10月、冬レタス11〜1月

栄養

- ビタミンE⇒血行を良くし、体内の脂肪の酸化を防ぐ。
- 鉄分⇒生で食べた場合豊富に含まれ、貧血予防にも。

塩

袋を使って手軽に作れる

塩もみレタスサラダ

⏱10分 / 冷蔵3日 / 冷凍✕

●材料（4〜5人分）

- レタス……………1玉（360g）
- 塩…………………小さじ⅓
- かに風味かまぼこ……6本
- 焼きのり……………½枚
- A
  - スイートコーン缶……大さじ2
  - ごま油…………………大さじ2

●作り方

1. レタスは食べやすくちぎってポリ袋に入れ、塩を加えてもむ。
2. かに風味かまぼこは半分の長さに切ってほぐす。焼きのりはさっと直火で両面をあぶってちぎる。
3. 1に2、Aを加えてさらにもむ。

材料チェンジ

- かに風味かまぼこ6本 ➡ **ロースハム6枚**
- ごま油大さじ2 ➡ **酢大さじ1**

3 材料別 野菜の作りおきおかず レタス

ピリ辛

さっとゆでて食感を残して

レタスのおひたし

⏱ 10分 / 冷蔵 3日 / 冷凍 ✕

● 材料（4〜5人分）

レタス		1玉（360g）
A	だし汁	100mℓ
	しょうゆ	大さじ1
	酒	小さじ2
	練り辛子	小さじ1
	かつお節	3g

● 作り方

1 レタスはざく切りにして、熱湯でさっとゆでて冷水にとり、水けをしぼる。

2 小鍋にAを入れて一度沸騰させて火からおろし、1を加えてあえる。

中華

くったりレタスに桜えびがマッチ

レタスと桜えびの炒め物

⏱ 15分 / 冷蔵 3日 / 冷凍 ✕

● 材料（4〜5人分）

レタス	1玉（360g）
しょうが	1片
桜えび	25g
ごま油	大さじ1
塩	小さじ¼
こしょう	少々

● 作り方

1 レタスはひと口大に切って、しょうがはせん切りにする。

2 フライパンにごま油を熱して1のしょうがと桜えびを炒め、1のレタスを加えてさっと炒め、塩、こしょうで味を調える。

調味料使い回し 練り辛子

ツンとした辛みがあり、和風料理にはもちろん、洋風料理のアクセントとしても。
➡ P99 小松菜の辛子あえ

材料チェンジ

● ごま油大さじ1 ➡ **サラダ油大さじ1**

● 桜えび25g ➡ **いかの塩辛大さじ2**

食材リスト ⑦

きゅうり

成分の95％が水分で、みずみずしさをたのしみたい野菜。薄切りにして塩もみをし、水分を出せば冷凍もできます。

作りおきに使う分量

3本（300g）

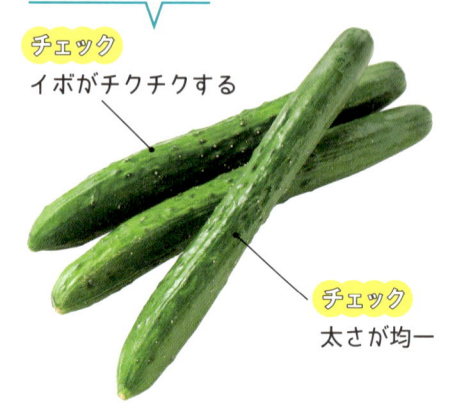

- チェック：イボがチクチクする
- チェック：太さが均一

冷蔵保存法

水けをふき取り、ポリ袋に入れて封をせず、ヘタを上に立てて冷蔵。

旬カレンダー　6～8月

1月 2月 3月 4月 5月 6月 7月 8月 9月 10月 11月 12月

栄養

- カリウム⇒利尿作用があり、体のむくみやだるさを解消。
- ビタミンC⇒美肌作りや疲労回復に効果的。

酸っぱい

そのまま食べても細かく刻んでもOK

カリカリきゅうり

⏱15分　冷蔵4日　冷凍✕

● 材料（4～5人分）
- きゅうり……3本（300g）
- しょうが……1片
- A
  - しょうゆ……80㎖
  - みりん、酢……各50㎖
  - 砂糖……大さじ2

● 作り方

1. きゅうりは2cmの輪切りに、しょうがはせん切りにする。
2. 鍋にAを煮立て、1を入れて強火で2分煮る。きゅうりをザルにあげ、そのまま冷まし、漬け汁は鍋に戻す。
3. 漬け汁を再び火にかけ、沸騰したら2のきゅうりを入れて再び2分煮て、ザルにあげる。
4. 漬け汁が冷めたら容器に移し、きゅうりを戻し入れ、冷蔵庫で1時間以上漬ける。

保存の名人アドバイス

漬け汁ごとふたつきのホーローに入れて冷蔵。日がたつと味が濃くなるので汁から出してもよい。

3 材料別 野菜の作りおきおかず

きゅうり

エスニック

レモン汁を入れてさっぱりピリ辛に

きゅうりのナンプラー漬け

⏱ 10分　冷蔵 4日　冷凍 ✕

●材料（4〜5人分）
きゅうり……………… 3本（300g）
A ┃ ナンプラー ……………… 大さじ3
　 ┃ レモン汁 ………………… 大さじ1
　 ┃ にんにく（すりおろし） … 1片分
　 ┃ 糸唐辛子 …………………… 少々

●作り方
1. きゅうりはヘタを落とし、麺棒で軽くたたいてから、ひと口大の大きさに手で割る。
2. ポリ袋に1を入れ、Aを加えて軽くもみ、1時間以上漬ける。

調理の早ワザ

きゅうりをたたく
ポリ袋にきゅうりを入れてたたくと、洗い物の手間が省けてラクチン。

中華

豚肉と炒めてパワフルな一皿に

きゅうりと豚肉のオイスター炒め

⏱ 25分　冷蔵 3日　冷凍 ✕

●材料（4〜5人分）
きゅうり ……… 3本（300g）
豚ひき肉 ………………… 100g
ごま油 ……………… 小さじ2
にんにく、しょうが
　　　　　　　　…… 各1片
塩 ………………… 小さじ½

A ┃ オイスターソース
　 ┃ ………………… 大さじ2
　 ┃ 酒 ……………… 大さじ1
　 ┃ しょうゆ ……… 小さじ1
　 ┃ 片栗粉 ………… 小さじ½
　 ┃ 砂糖 ………… ひとつまみ

●作り方
1. きゅうりは皮を縞模様にむき、乱切りにして塩をまぶし、15分ほどおいて、水けをしぼる。
2. にんにく、しょうがはみじん切りにする。
3. フライパンにごま油と2を入れて弱火にかけ、香りが立ったら豚ひき肉を入れて炒める。肉の色が変わったら1を加え、強火でさっと炒める。
4. 混ぜ合わせたAを加え、炒め合わせる。

材料チェンジ

● きゅうり3本 ➡ **アスパラガス6本**

● 豚ひき肉100g ➡ **鶏ひき肉100g**

食材リスト ⑧

ズッキーニ

かぼちゃの仲間で、じっくり加熱すると甘みが増します。水分が少なく、作りおきにも向く野菜。

作りおきに使う分量

2本（500g）

- チェック：太さが均一
- チェック：ツヤがある

冷蔵保存法

ポリ袋に入れて冷蔵庫の野菜室へ。

旬カレンダー 6〜8月

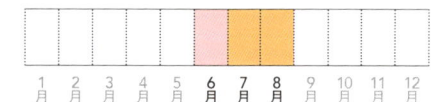

1月	2月	3月	4月	5月	6月	7月	8月	9月	10月	11月	12月
					●	●	●				

栄養
- ビタミンB₂ ⇒ 皮膚や粘膜を守り、美肌作りに効果的。
- 葉酸 ⇒ 赤血球を作る働きがある。

しょうゆ

カロテンたっぷりの美容レシピ

ズッキーニとにんじんの甘辛炒め

⏱ 15分　冷蔵 3日　冷凍 1か月

●材料（4〜5人分）
- ズッキーニ……………2本（500g）
- にんじん…………………½本
- A［しょうゆ、酒………各大さじ1
　　みりん、砂糖………各大さじ½］
- ごま油……………………小さじ2
- 白いりごま………………大さじ1

●作り方

1. ズッキーニとにんじんは拍子木切りにする。
2. フライパンにごま油を熱し、1を入れて炒める。油が回ったら、Aを加えて汁けがなくなるまで炒める。火を止めて白いりごまをふり混ぜる。

材料チェンジ
- にんじん½本 ➡ ごぼう½本
- 七味唐辛子少々を最後にふる

3 材料別 野菜の作りおきおかず

ズッキーニ

酸っぱい　⏱40分　冷蔵3日　冷凍1か月

蒸し煮だからズッキーニがジューシー
ズッキーニと鶏肉のトマト煮

●材料（4〜5人分）
ズッキーニ　2本（500g）
鶏もも肉　½枚
玉ねぎ　¼個
にんにく　1片
オリーブ油　大さじ1
白ワイン　大さじ2
塩、こしょう　適量

A［
カットトマト缶　½缶（200g）
コンソメスープの素（顆粒）　小さじ2
はちみつ　小さじ1
］

●作り方
1　鶏もも肉はひと口大に切り、塩、こしょうをする。
2　ズッキーニは2cm厚さのいちょう切り、玉ねぎ、にんにくはみじん切りにする。
3　フライパンにオリーブ油を中火で熱して1を焼き、表面を焼いたら白ワインをふり、一度取り出す。
4　3のフライパンで2を炒め、油がまわったらAを加えて煮立たせる。3の鶏肉を汁ごと戻し入れ、ふたをして弱火で10〜15分ほど煮て、塩、こしょうで味を調える。

まろやか　⏱35分　冷蔵3日　冷凍1か月

天ぷら粉に粉チーズを混ぜてカリッと
ズッキーニのチーズフリット

●材料（4〜5人分）
ズッキーニ（500g）　2本
天ぷら粉　70g

A［
牛乳　120ml
粉チーズ　大さじ3
塩　少々
］

揚げ油　適量

●作り方
1　ズッキーニは2cm厚さの輪切りにし、ラップに包んで電子レンジ（600W）で2分加熱する。出てきた水分をペーパータオルでふき取る。
2　天ぷら粉にAを加えて混ぜ合わせる。
3　2に1をくぐらせ、170℃の油でカリッと揚げる。

調理の早ワザ
衣を早く揚げる　天ぷら粉に粉チーズを入れた衣にすると、衣が早くカリッと揚がる。

食材リスト ⑨

かぼちゃ

一般的なかぼちゃは西洋かぼちゃで、ホクホクして甘みが強い品種。皮にも栄養が多いので皮ごと調理して。

作りおきに使う分量

¼個（250g）

チェック
ヘタが乾いている

チェック
種が詰まっている

冷蔵保存法

切ったら種とわたを取り除き、ラップをして冷蔵庫の野菜室へ。

旬カレンダー

7〜9月

| 1月 | 2月 | 3月 | 4月 | 5月 | 6月 | 7月 | 8月 | 9月 | 10月 | 11月 | 12月 |

栄養

- ビタミンA⇒粘膜を正常に保つ働きがあり、風邪の予防に。
- ビタミンE⇒抗酸化作用が強く、生活習慣病予防にも。

ピリ辛

⏱ 25分
冷蔵 4日
冷凍 1か月

サッパリとかぼちゃを食べたいときに

かぼちゃの南蛮漬け

●材料（4〜5人分）

かぼちゃ… ¼個（250g）
揚げ油……………適量

A
- だし汁………200㎖
- 酢…………100㎖
- 砂糖………大さじ3
- しょうゆ……大さじ2
- 塩…………小さじ½
- 赤唐辛子（輪切り）
  ……………少々

●作り方

1. かぼちゃは種とわたを取り除き、5cm長さ、1cm厚さに切る。
2. フライパンに多めの油を熱し、1をすっと竹串が通るまで素揚げにする。
3. 鍋にAを入れて煮立て、熱いうちに2を加えて漬け込み、そのまま粗熱をとる。

保存の名人アドバイス

ホーローなどの容器にたれごと入れて冷蔵。衣をつけていないのでたれといっしょに保存できる。

3 材料別 野菜の作りおきおかず

かぼちゃ

まろやか ⏱10分 | 冷蔵3日 | 冷凍1か月

かぼちゃとチーズがベストマッチ

かぼちゃとクリームチーズのサラダ

●材料（4〜5人分）
- かぼちゃ……¼個（250g）
- クリームチーズ……60g
- レーズン……大さじ2
- マヨネーズ……大さじ2
- 塩、こしょう……適量
- スライスアーモンド……適量

●作り方

1. かぼちゃは種とわたを取り除き、1.5cm厚さに切る。耐熱容器に重ならないように並べ、ラップをして電子レンジ（600W）で4〜5分加熱する。クリームチーズは1cm角に切る。

2. 1のかぼちゃが熱いうちにボウルに入れ、フォーク等で粗くつぶす。マヨネーズ、塩、こしょうで味を調え、1のクリームチーズ、レーズンを加えてあえる。好みでアーモンドスライスを散らす。

保存の名人アドバイス
冷凍保存用袋に入れ、薄く伸ばして密封して冷凍。菜箸で十字に1食分の折り目をつけると便利。

しょうゆ ⏱30分 | 冷蔵4日 | 冷凍1か月

お弁当のおかずにもおやつにも◎

かぼちゃもち

●材料（4〜5人分）
- かぼちゃ……¼個（250g）
- 片栗粉……60g
- 塩……ひとつまみ
- バター……10g
- A しょうゆ、みりん、酒……各大さじ1
- A 片栗粉……小さじ¼

●作り方

1. かぼちゃは種とわた、皮を取り除き、1.5cm厚さに切る。耐熱容器に入れ、ラップをして電子レンジ（600W）で3〜4分加熱する。

2. 1が熱いうちにボウルに入れ、フォーク等でつぶし、片栗粉、塩を加えてよく練り、ひと口大のハンバーグ形に丸める。

3. フライパンにバターを熱し、2を両面こんがりと焼いたら、混ぜ合わせたAを加えて煮からめる。

保存の名人アドバイス
形がくずれないように向きをそろえて冷凍用保存袋に入れて冷凍。冷たいままでも温めてもおいしい。

食材リスト ⑩

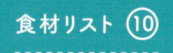

ピーマン

生でも食べられますが油で炒めると青臭さがやわらぎます。冷凍して凍ったまま調理することもできます。

作りおきに使う分量

8個（250g）

チェック
肩が盛り上がっている

チェック
肉厚で弾力がある

冷蔵保存法

水分をふき取り、ポリ袋に入れ冷蔵庫の野菜室へ。

旬カレンダー 6〜9月

1月 2月 3月 4月 5月 6月 7月 8月 9月 10月 11月 12月

栄養

- ビタミンC⇒熱に強いビタミンが豊富。肌の調子が整う。
- ピラジン⇒独特の青臭さの成分で血液サラサラ効果も。

しょうゆ

ごはんが進む甘辛味！

じゃこピーマン

⏰10分　冷蔵3日　冷凍3週間

●材料（4〜5人分）
- ピーマン……8個（250g）
- ちりめんじゃこ……40g
- ごま油……大さじ1
- A
  - しょうゆ……大さじ1⅓
  - みりん、酒……各小さじ2

●作り方
1. ピーマンは種を取り除き、細切りにする。
2. フライパンにごま油を熱し、ちりめんじゃこを入れ、弱火でカリッとするまで炒める。
3. 1を加え、油がまわったらAを加えて炒め合わせる。

材料チェンジ
- スライスアーモンド少々をAといっしょに加える
- A ➡ ポン酢しょうゆ大さじ2

3 材料別 野菜の作りおきおかず

ピーマン

ピリ辛
いかの燻製で手軽に作れる！
ピーマンといかのラー油あえ
⏱10分　冷蔵4日　冷凍1か月

●材料（4〜5人分）
- ピーマン……8個（250g）
- いかの燻製……50g
- A
  - しょうゆ……小さじ2
  - ラー油、白ごま………各小さじ1
  - 糸唐辛子………適量

●作り方
1. ピーマンは種を取り除き、細切りにして、熱湯で10秒ほどゆで、ザルにあげて水けをきる。いかの燻製は長ければ切る。
2. ボウルにAを入れて混ぜ、1を加えてあえ、好みで糸唐辛子を散らす。

材料チェンジ
- ピーマン8個 ➡ 小松菜1束
- ラー油小さじ1 ➡ ごま油小さじ1

酸っぱい
厚切りベーコンでボリュームアップ
ピーマンのトマトケチャップ炒め
⏱15分　冷蔵3日　冷凍1か月

●材料（4〜5人分）
- ピーマン……8個（250g）
- ベーコン（厚切り）……100g
- オリーブ油……小さじ2
- A
  - トマトケチャップ……大さじ3
  - ウスターソース……小さじ2
- 粉チーズ……小さじ1

●作り方
1. ピーマンは種を取り除き、乱切りにする。ベーコンは1cm角の棒状に切る。
2. フライパンにオリーブ油を中火で熱して1のベーコンを炒め、脂が出てきたら1のピーマンを加えくさらに炒める。
3. Aを加えて炒め合わせ、粉チーズをふる。

保存の名人アドバイス
1食分ずつラップで小分けにして冷凍用保存袋に入れて冷凍。お弁当などに重宝する。

65

食材リスト ⑪

パプリカ

ピーマンより肉厚でジューシー、甘みもあって、生食でも加熱してもおいしい。特に赤いものはカロテンたっぷり。

作りおきに使う分量

2個（300g）

チェック 皮にシワがない

チェック ずっしりと重い

冷蔵保存法

水分をふき取り、1個ずつポリ袋に入れ冷蔵庫の野菜室へ。

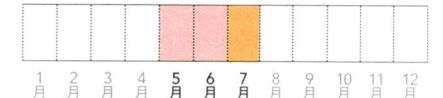

旬カレンダー 5～7月

| 1月 | 2月 | 3月 | 4月 | 5月 | 6月 | 7月 | 8月 | 9月 | 10月 | 11月 | 12月 |

栄養

- ビタミンC⇒赤いものは⅓個で1日の必要摂取量に。
- ビタミンP⇒ビタミンCを壊れにくくする。

酸っぱい

ワインに合う濃厚な味つけ

パプリカのバルサミコマリネ

⏰20分　冷蔵3日　冷凍1か月

●材料（4～5人分）

パプリカ（赤、黄）……各1個（300g）

A ┃ オリーブ油……………大さじ2
　 ┃ バルサミコ酢…………小さじ2
　 ┃ にんにく（すりおろし）……½片分
　 ┃ 塩………………小さじ⅙～¼

パセリ（みじん切り）……………適量

●作り方

1. パプリカはグリルで表面が真っ黒に焦げるまで焼き、水にとって皮をむく。種を取り除き、ひと口大に手で裂く。
2. 混ぜ合わせたAに1を加え、好みでパセリを散らし、1時間以上漬ける。

材料チェンジ

- はちみつ大さじ1をAに加える
- 塩小さじ⅙～¼ ➡ みそ大さじ½

3 材料別 野菜の作りおきおかず

パプリカ

パプリカの肉詰め

花びらみたいで食卓も華やぐ

⏱ 25分 / 冷蔵 3日 / 冷凍 1か月

🚩 塩

● 材料（4〜5人分）

- パプリカ（赤）……… 2個（300g）
- 合いびき肉 ……… 250g
- 玉ねぎ ……… ¼個
- 卵 ……… ½個
- パン粉 ……… 大さじ3
- 牛乳 ……… 大さじ1½
- 塩 ……… 小さじ¼
- こしょう ……… 少々
- サラダ油 ……… 小さじ2
- 小麦粉 ……… 適量

● 作り方

1. パプリカは3等分の輪切りにし、種を取り除く。
2. 玉ねぎはみじん切りにし、電子レンジ（600W）で1分加熱する。パン粉は牛乳にひたしておく。
3. ボウルに合いびき肉、塩、こしょうを入れ、粘りが出るまでよく練る。卵、2を順に加えてよく練る。
4. 1の内側に薄く小麦粉をふり、3を詰める。
5. フライパンにサラダ油を熱し、4を並べて強火で焼き、焼き色がついたら裏返してふたをし、弱火で5〜6分焼く。

パプリカのオイル漬け

ハーブを使ってさわやかに

⏱ 15分 / 冷蔵 3日 / 冷凍 1か月

🚩 塩

● 材料（4〜5人分）

- パプリカ（赤、黄）…… 各1個（300g）
- 塩 ……… 少々
- A
  - オリーブ油 ……… 150mℓ
  - にんにく（薄切り）……… 1片分
  - 塩 ……… 小さじ⅓
  - 好みのハーブ（タイム、ローズマリーなど）……… 少々

● 作り方

1. パプリカはグリルで表面が真っ黒に焦げるまで焼き、水にとって皮をむく。種を取り除き、1cm幅に切り、塩をふる。
2. 小鍋にAを入れて弱火で熱し、香りが立ったら1にまわしかけ、1日以上漬ける。

材料チェンジ

- 塩小さじ⅓ ➡ **塩麹小さじ⅔**
- **赤唐辛子1本**をAに加える

食材リスト ⑫

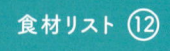

ゴーヤ

シャキシャキの食感を活かしたい場合は薄く切って素早く調理。薄切りは生で冷凍保存できます。

作りおきに使う分量

1本（300g）

チェック
鮮やかな緑でツヤがある

チェック
ずっしり重みがある

冷蔵保存法

種とわたを除いてからラップに包んで冷蔵庫へ。

旬カレンダー　7〜9月

1月	2月	3月	4月	5月	6月	7月	8月	9月	10月	11月	12月
						●	●	●			

栄養

- モモルデシン⇒胃液の粘膜を保護。神経にも働きかける。
- ビタミンC⇒きゅうりやトマトの5倍以上。

しょうゆ

疲れを吹き飛ばす沖縄元気レシピ

ゴーヤとスパムの炒め

⏱ 15分　冷蔵 3日　冷凍 1か月

●材料（4〜5人分）

- ゴーヤ……1本（300g）
- スパム……½缶
- 溶き卵……1個分
- かつお節……3g
- 塩……少々
- ごま油……小さじ2

A
- しょうゆ、酒……各小さじ1
- 和風だしの素（顆粒）……小さじ½
- こしょう……少々

●作り方

1. ゴーヤは縦半分に切り、種とわたを取り除いて薄切りにし、塩をふって5分おき、水けをふく。
2. スパムはひと口大に切る。
3. フライパンにごま油を中火で熱し、2の表面に焼き色をつけるように焼き、1を加え、油がまわったらAを入れて炒め合わせる。
4. 溶き卵をまわし入れ、卵が固まったら火を止め、かつお節を加えて混ぜ合わせる。

3 材料別 野菜の作りおきおかず

ゴーヤ

しょうゆ ⏱10分 / 冷蔵3日 / 冷凍1か月

薄切りにすれば苦みが気にならない

ゴーヤのおかかあえ

●材料（4〜5人分）
- ゴーヤ……………1本（300g）
- かつお節……………12g
- A │ しょうゆ……………大さじ1
  │ みりん………………小さじ1

●作り方
1. ゴーヤは縦半分に切り、種とわたを取り除き、薄切りにする。塩少々（分量外）を入れた熱湯でさっとゆでて冷水にとり、水けをしぼる。
2. ボウルに1、A、かつお節を入れてあえる。

材料チェンジ
- かつお節12g ➡ **青のり小さじ1**
- しょうゆ大さじ1 ➡ **柚子こしょう小さじ1**

しょうゆ ⏱20分 / 冷蔵3日 / 冷凍1か月

下味をしっかりつけるのがコツ

ゴーヤの唐揚げ

●材料（4〜5人分）
- ゴーヤ……………1本（300g）
- 片栗粉………………適量
- 揚げ油………………適量
- A │ しょうゆ……………大さじ1
  │ 酒、みりん…………各小さじ2
  │ にんにく（すりおろし）………1/2片分

●作り方
1. ゴーヤは1cm幅の輪切りにし、種とわたを取り除く。Aをボウルに混ぜ合わせ、ゴーヤを30分ほど漬ける。
2. 1の水けをよくきり、片栗粉をまぶす。170℃の油でカリッときつね色になるまで揚げる。

材料チェンジ
- みりん小さじ2 ➡ **はちみつ小さじ2**
- 片栗粉適量 ➡ **米粉適量**

野菜の1週間長持ちおかず

冷蔵保存で1週間おいしく食べれるおかずを8品紹介します。
濃いめの味つけを活かして、いろいろな食べ方を試してみてください。

甘さのある食べやすいキムチ風

エスニック
白菜のコチュジャン漬け

● 材料（作りやすい分量）
- 白菜 …………………… 300g
- 塩 …………………… 小さじ⅓
- A
  - しょうが（せん切り）… 1片分
  - コチュジャン、白いりごま
    …………………… 各大さじ1
  - しょうゆ、ごま油 … 各小さじ1
  - おろしにんにく ………… 少々

● 作り方
1. 白菜はざく切りにし、塩をもみ込んでしばらくおき、水けをしぼる。
2. 保存袋にAを合わせて1を入れてもみ込み、冷蔵庫でひと晩おく。

◆ 食べ方例
- 豚肉と炒める
- ゆでだことあえる
- 炒飯に混ぜる
- 豆乳鍋に入れる

しょうゆ
しょうがのつくだ煮

甘辛でクセになる味

● 材料（作りやすい分量）
- しょうが …………………… 150g
- A
  - 水 …………………… 120mℓ
  - 砂糖、しょうゆ、酒、みりん …… 各大さじ3

● 作り方
1. しょうがはよく洗って皮ごと薄切りにする。
2. フライパンにAを合わせて火にかけ、煮立ったら1を加えてたまに混ぜながら水分が少なくなるまで炒り煮にする。

◆ 食べ方例
- 牛肉と炒める
- 切り身魚と煮る
- サラダにのせる
- 混ぜごはんにする

> 甘くないので箸休めにぴったり

酸っぱい
プチトマトのピクルス

●材料（作りやすい分量）

プチトマト（赤、黄）
　　　　　　　　　各15個
A｛
　酢 ……………… 200㎖
　水 ……………… 100㎖
　砂糖 …………… 大さじ1
　塩、黒粒こしょう
　　　　　　　　 各小さじ1
　ローリエ ………… 2枚

●作り方
1 プチトマトはヘタを取ってつま楊枝で穴を開け、密閉容器に入れる。
2 鍋にAを入れて火にかけ、沸騰したら火を止める。
3 2の粗熱がとれたら1に注いでふたをし、冷蔵庫でひと晩おく。

◆食べ方例
・冷奴にのせる
・寿司にのせる
・サンドイッチの具にする
・チーズとあえる

> ごま油と香味野菜たっぷり

みそ
ねぎみそ

●材料（作りやすい分量）
長ねぎ ……………… 2本
にんにく …………… 2片
みそ ……………… 100g
ごま油 …………… 大さじ2

●作り方
1 長ねぎは小口切りにする。にんにくは粗みじん切りにする。
2 フライパンにごま油大さじ1½、1のにんにくを入れて火にかけ、香りが立ったら1の長ねぎを加えてさらに炒める。
3 2にみそを加えて火を止め、残りのごま油を加えてよく混ぜ合わせる。

◆食べ方例
・焼きおにぎりにする
・きゅうりにつけて食べる
・鮭に塗って焼く
・厚揚げに塗って焼く

材料チェンジ　しょうがに変えても
にんにくの香りが気になる人は、しょうがが2片に変えても。白いりごま適量を加えてもおいしい。

> 塩を利かせればしっかり長持ち！

塩
ズッキーニのオイル漬け

●材料（作りやすい分量）
- ズッキーニ……2本
- 塩……少々
- にんにく……1片
- オリーブ油……大さじ1
- A
  - オリーブ油……120㎖
  - 塩……小さじ½
  - 赤唐辛子（種を除く）……1本

●作り方
1. ズッキーニは1cm幅の輪切りにし、塩をふる。にんにくはつぶして半分に切る。
2. フライパンにオリーブ油を熱し、1を入れて両面焼き色がつくまで焼く。
3. 2が熱いうちに合わせたAに漬けてひと晩おく。

◆食べ方例
- サンドイッチの具にする
- 豚肉と炒める
- チーズをのせて焼く
- オイルごとパスタに使う

> 粉山椒や七味唐辛子を加えてもOK

みそ
根菜のきざみみそ漬け

●材料（作りやすい分量）
- ごぼう……100g
- 大根……100g
- にんじん……½本
- みそ……大さじ2
- 湯……大さじ1

●作り方
1. ごぼうは5㎜幅の半月切りにして熱湯で20秒ほどゆでる。大根、にんじんは粗く刻む。
2. 保存袋に1、湯で溶いたみそを加えてよくもみ、冷蔵庫でひと晩おく。

◆食べ方例
- おにぎりの具にする
- ゆでじゃがいもにのせる
- お茶漬けにする
- 冷しゃぶのたれにする

材料チェンジ　季節の野菜で
根菜なら何でも合う。れんこん、かぶ、玉ねぎ、さつまいもなどをかために火を通して使って。

> 甘さがあり子どもでも食べやすいマリネ

|エスニック
カリフラワーとパプリカのカレーマリネ

●材料（作りやすい分量）
- カリフラワー……小1株（200g）
- パプリカ（赤）……½個
- レーズン……大さじ2
- A
  - 酢、水……各100mℓ
  - 砂糖……大さじ2
  - カレー粉……大さじ½
  - 塩……小さじ1

●作り方
1. カリフラワーは小房に分ける。パプリカは長さを半分にして1cm幅に切る。
2. 鍋にAを煮立てて1を加えて中火で30秒煮て、レーズンを加え、火を止めてそのまま冷ます。

◆食べ方例
- マヨネーズとあえる
- スープに加える
- あさりとワイン蒸しにする
- えびと炒める

> 常温で2週間ほどOK！

|塩
パセリののりごまふりかけ

●材料（作りやすい分量）
- パセリ（葉）……50g
- A
  - 青のり……大さじ1
  - 白いりごま……大さじ2
  - かつお節……6g
  - 塩……小さじ⅔

●作り方
1. パセリはペーパータオルにのせ、電子レンジ（600W）で4分加熱する。
2. 保存袋にAと1を入れて、パセリをつぶすようにもみながら混ぜ合わせる。

◆食べ方例
- ゆでオクラをあえる
- 卵焼きに混ぜる
- おひたしにのせる
- サラダにのせる

材料チェンジ バジルなどのハーブでも
パセリの他に、バジルなどの乾燥ハーブを使っても。塩味なのでアレンジしやすい。

食材リスト ⑬

なす

アクがあるので水にさらしてから調理します。皮に細かい切り目を入れると味がしみ込みやすい。

作りおきに使う分量

3本（200g）

チェック 黒々とした光沢がある

チェック ヘタのトゲが鋭い

冷蔵保存法

冷やし過ぎると味が落ちるので新聞紙に包みポリ袋に入れ野菜室へ。

旬カレンダー 6〜9月

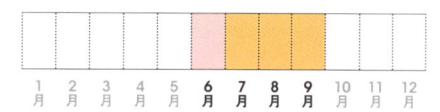

1月	2月	3月	4月	5月	6月	7月	8月	9月	10月	11月	12月
					●	●	●	●			

栄養

- ナスニン⇒ポリフェノールの一種で活性酸素の働きを抑制。高血圧や動脈硬化の予防に。

中華

とろっとしたなすがおいしい

なすの中華あえ

⏰ 20分　冷蔵 4日　冷凍 1か月

● 材料（4〜5人分）

なす………… 3本（200g）
ロースハム………… 3枚
長ねぎ………… 10cm
サラダ油………… 適量

A ｜ 酢………… 大さじ1½
　｜ しょうゆ………… 大さじ1
　｜ 砂糖………… 小さじ2
　｜ ごま油………… 小さじ1
　｜ 赤唐辛子（輪切り）
　｜ ………… 1本分

● 作り方

1. なすはヘタを落とし、縦に6〜8等分に切る。ロースハムは太めのせん切り、長ねぎはせん切りにする。
2. フライパンに多めのサラダ油を熱し、1のなすを入れ、薄く色がつくまで揚げ焼きにする。
3. ボウルにAを入れて混ぜ、2、残りの1を加えてあえる。

保存の名人アドバイス

平らになるように、冷凍用保存袋に入れて冷凍。1食分ずつラップに包んでも。

3 材料別 野菜の作りおきおかず

なす

酸っぱい

ピリッとマスタードを効かせて

なすのフレンチマリネ

⏰ 10分 / 冷蔵 4日 / 冷凍 1か月

みそ

みそとごまのおいしい組み合わせで

なすの鍋しぎ

⏰ 15分 / 冷蔵 4日 / 冷凍 1か月

●材料（4〜5人分）
なす ……………………… 3本（200g）
酢 ………………………… 大さじ1½
塩、砂糖 ………………… 各小さじ¼
マスタード ……………… 小さじ1
オリーブ油 ……………… 大さじ3

●作り方
1. なすはヘタを落として1個ずつラップに包み、耐熱容器に並べ電子レンジ（600W）で5分加熱し、熱いうちにひと口大に裂く。
2. ボウルに酢を入れ、塩、砂糖、マスタードの順に入れてよく混ぜて溶かす。オリーブ油を少しずつ加えながら泡立て器で混ぜ、とろりとした状態にする。
3. 1と2を合わせ、冷蔵庫で30分以上漬ける。

材料チェンジ
● 酢大さじ1½ ➡ **レモン汁1½**
● なす3本 ➡ **玉ねぎ2個**

●材料（4〜5人分）
なす ……………………… 3本（200g）
白いりごま ……………………… 少々
ごま油 ……………………… 大さじ2
A [みそ（あれば赤みそ）、砂糖、酒 … 各大さじ1
　　みりん ……………… 小さじ2
　　しょうゆ …………… 小さじ½]

●作り方
1. なすはヘタを落として皮を縞目にむき、乱切りにして水にさらして水けをきる。
2. フライパンにごま油を中火で熱し、1の表面に焼き色をつけるようにじっくり炒める。
3. Aを加え、中火で汁けがなくなるまで炒め煮にし、火を止め、白いりごまをふる。

材料チェンジ
● なす3本 ➡ **れんこん1節**
● みそ大さじ1 ➡ **焼き肉のたれ大さじ2**

75

中華

ごはんや中華麺に乗せれば本格中華に

なすの坦々風

⏱ 15分 / 冷蔵 3日 / 冷凍 1か月

●材料（4〜5人分）
- なす …… 3本（200g）
- 豚ひき肉 …… 80g
- しょうが …… 1片
- ごま油 …… 大さじ2
- A
  - しょうゆ、白練りごま …… 各大さじ1½
  - 酢、ラー油、鶏がらスープの素（顆粒）…… 各小さじ1
- 糸唐辛子 …… 少々

●作り方
1. なすはヘタを落として縦半分に切り、斜め薄切りにする。しょうがはせん切りにする。
2. フライパンにごま油、1のしょうがを入れて弱火にかけ、香りが立ったら豚肉を加えて炒める。肉の色が変わったら、1のなすを加えて炒める。
3. 混ぜ合わせたAを加えてさっと炒め合わせ、好みで糸唐辛子をのせる。

あまったら冷凍！
酒をふって冷凍用保存袋に入れる。菜箸で折り目をつけて冷凍すると使いやすい。

しょうゆ

箸休めにも主菜にもなる万能菜

なすと牛肉のつくだ煮

⏱ 15分 / 冷蔵 3日 / 冷凍 1か月

●材料（4〜5人分）
- なす …… 3本（200g）
- 牛切り落とし肉 …… 80g
- しょうが …… 大1片
- A
  - しょうゆ …… 大さじ2½
  - 酒 …… 大さじ2
  - みりん、砂糖 …… 各大さじ1½

●作り方
1. なすはヘタを落として、小さめの乱切りにし水にさらす。しょうがはせん切りにする。
2. 鍋にA、1のしょうがを入れて煮立て、牛肉、水けをきった1のなすを加え、中弱火でアクを取りながら汁けがなくなるまで煮る。

保存の名人アドバイス
しっかり冷まし、冷凍用保存袋に平らになるように入れて冷凍。電子レンジか冷蔵庫で解凍する。

塩

皮むきしたトロ〜リなすが美味しい

なすのねぎ塩あえ

⏰ 15分 / 冷蔵 4日 / 冷凍 1か月

●材料（4〜5人分）
- なす ……… 3本（200g）
- 長ねぎ ………… 10cm分
- 万能ねぎ（小口切り）
  ………………… 適量
- A
  - ごま油 …… 大さじ1½
  - 鶏がらスープの素
    （顆粒）… 小さじ1
  - 塩 ……………… 適量
  - 赤唐辛子（輪切り）
    ………………… 少々

●作り方
1. なすは表面に竹串で数か所穴を開け、グリルで表面の皮が真っ黒になるまで焼き、熱いうちにヘタを落として皮をむき、ひと口大に裂く。
2. 長ねぎはみじん切りにし、水にさらす。
3. ボウルにAを入れて混ぜ、1、水けをきった2を加えてあえ、万能ねぎを散らす。

材料チェンジ
- なす3本 ➡ パプリカ2個
- 塩適量 ➡ ナンプラー適量

---

3 材料別 野菜の作りおきおかず なす

酸っぱい

お酢の力でお肉も野菜もジューシーに

なすと鶏肉の ビネガー煮

⏰ 25分 / 冷蔵 3日 / 冷凍 1か月

●材料（4〜5人分）
- なす ……… 3本（200g）
- 鶏もも肉 …………… ½枚
- しょうが …………… 1片
- ブロッコリー ……… ¼株
- A
  - 白ワインビネガー
    ……………… 100㎖
  - 水 …………… 50㎖
  - しょうゆ、砂糖
    ………… 各大さじ3

●作り方
1. なすは乱切りにし水にさらし、しょうがは薄切りにする。鶏もも肉はひと口大に切る。
2. ブロッコリーは小房に分け、塩少々（分量外）を入れた熱湯でゆで、ザルにあげる。
3. 鍋にAを煮立て、1を加えて落としぶたをして中火で水けが少なくなるまで煮る。2を加え、さっと混ぜ合わせる。

材料チェンジ
- ブロッコリー¼株 ➡ さやいんげん8本
- しょうゆ大さじ3 ➡ ナンプラー大さじ2

食材リスト ⑭

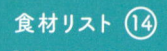

オクラ

調理するときは包丁でぐるりとガクをむき、ヘタを落とします。板ずりすると産毛が取れて緑色が鮮やかに。

作りおきに使う分量

2パック（16本）

チェック：産毛が均一
チェック：緑色が鮮やか

冷蔵保存法

ポリ袋に入れて冷蔵庫か、かために塩ゆでし、ラップに包み冷凍保存。

旬カレンダー 7〜9月

1月	2月	3月	4月	5月	6月	7月	8月	9月	10月	11月	12月
						●	●	●			

栄養

- ペクチン⇒糖分の吸収を抑える働きがあり、糖尿病予防に。
- ムチン⇒粘膜の保護や便秘の解消に。

しょうゆ

沸騰させてからひたすのがコツ

オクラのだしびたし

⏱ 15分 ／ 冷蔵 4日 ／ 冷凍 1か月

●材料（4〜5人分）
オクラ……………2パック（16本）
A ┬ だし汁…………………400㎖
　├ みりん…………………大さじ3
　├ 薄口しょうゆ………大さじ1½
　├ 塩………………………ひとつまみ
　└ かつお節………………3g

●作り方
1. オクラはガクをむいて板ずりし、熱湯でさっとゆでて冷水にとる。
2. 小鍋でAを煮立て、粗熱がとれたら水けをふいた1を入れ、冷蔵庫で1時間以上漬ける。

材料チェンジ
- だし汁400㎖ ➡ 鶏がらスープ400㎖
- オクラ2パック ➡ グリーンアスパラガス10本

エスニック
カレー粉が絶妙なインド風野菜炒め煮
オクラとじゃがいものサブジ

⏰20分 / 冷蔵3日 / 冷凍1か月

●材料（4〜5人分）
- オクラ…2パック（16本）
- じゃがいも………小2個
- トマト……………小1個
- 玉ねぎ……………¼個
- にんにく…………½片
- オリーブ油………大さじ1
- カレー粉…………小さじ1
- 塩、こしょう……各適量

●作り方
1. オクラはヘタを落として斜め切り、トマトは1.5cm角、玉ねぎ、にんにくはみじん切りにする。じゃがいもは1.5cm角に切って耐熱容器に入れ、ラップをして電子レンジ（600W）で2分加熱する。
2. フライパンにオリーブ油、1のにんにくを入れて弱火にかけ、香りが立ったら1の玉ねぎを加えて炒め、しんなりしたらカレー粉をふり入れて炒める。
3. 残りの1を加えて炒め合わせ、ふたをして弱火で5分ほど蒸し焼きにし、塩、こしょうで味を調える。

材料チェンジ
- ●オクラ2パック ➡ キャベツ4枚
- ●トマト小1個 ➡ にんじん½本

しょうゆ
豚バラ肉で巻いたお弁当の人気おかず
オクラの肉巻き

⏰20分 / 冷蔵3日 / 冷凍1か月

●材料（4〜5人分）
- オクラ…2パック（16本）
- 豚バラ薄切り肉……16枚
- 小麦粉………………適量
- 塩、こしょう……各適量
- サラダ油………小さじ2
- A しょうゆ、酒、砂糖……各大さじ2
- みりん……小さじ2

●作り方
1. オクラはガクをむいて板ずりし、熱湯でさっとゆでる。豚バラ薄切り肉は1枚ずつ広げて塩、こしょうをし、小麦粉を薄くふる。
2. 豚肉にオクラを1本ずつのせ、オクラの両端を残して豚肉を巻きつける。
3. フライパンにサラダ油を中火で熱し、2の巻き終わりを下にして並べ、全面に焼き色をつけるように転がしながら焼き、Aを加えて煮からめる。

材料チェンジ
- ●オクラ2パック ➡ にんじん1本
- ●しょうゆ大さじ2 ➡ みそ大さじ2

3 材料別 野菜の作りおきおかず ／ オクラ

食材リスト ⑮

かぶ

実は淡色野菜、葉は緑黄色野菜でそれぞれ栄養が違います。新鮮なものを選んで、葉も入れて調理しましょう。

作りおきに使う分量
3個（300g）

チェック
葉がみずみずしい

チェック
色白で丸々している

冷蔵保存法
葉を切り落とし、それぞれを湿らせた新聞紙に包み、ポリ袋に入れて冷蔵庫の野菜室へ。

旬カレンダー
3～5月、10～12月

| 1月 | 2月 | 3月 | 4月 | 5月 | 6月 | 7月 | 8月 | 9月 | 10月 | 11月 | 12月 |

栄養
- アミラーゼ⇒実に含まれる消化酵素。胃もたれに効果的。
- カロテン⇒葉に豊富でさやえんどうの5倍。

酸っぱい

季節の野菜で楽しみたいさっぱり漬け

かぶの甘酢漬け

⏰ 40分
冷蔵 4日
冷凍 ✕

● 材料（4～5人分）
かぶ……………3個（300g）
A ┬ 水……………400㎖
　└ 塩……………小さじ2
B ┬ 酢……………大さじ3
　├ 砂糖…………大さじ2
　├ 塩……………小さじ½
　└ 赤唐辛子（輪切り）……½本分

● 作り方
1. かぶは皮をむき、茎元を1cm残して2～3mm幅の格子状に切り目を入れ、さらに4等分に切る。
2. Aを合わせて塩をよく溶かし、1を入れて30分ほど浸し、しんなりとさせる。
3. Bを合わせて甘酢を作り、水けを絞った2を入れ、冷蔵庫で1時間以上漬ける。

材料チェンジ
- かぶ3個 ➡ れんこん1節
- はちみつ大さじ2をBに加える

3 材料別 野菜の作りおきおかず

かぶ

かぶのゆかりあえ

塩 / パッと作れて味も見た目も美しい
20分 / 冷蔵4日 / 冷凍×

●材料（4～5人分）
- かぶ …………………… 3個（300g）
- 塩 ……………………… 小さじ1
- ゆかり ………………… 小さじ2

●作り方
1. かぶは皮をむき、薄切りにする。塩をふって軽くもみ、15分ほどおく。
2. 水けをしぼり、ゆかりを加えて混ぜ合わせる。

保存の名人アドバイス
空気を抜きながら冷凍用保存袋に入れて冷凍。保存性の高い漬け物も冷凍しておくとより長持ちする。

かぶとベーコンのうま煮

塩 / 塩麹を使ってかぶの甘さを引き出す
25分 / 冷蔵3日 / 冷凍1か月

●材料（4～5人分）
- かぶ …………………… 3個（300g）
- かぶの葉 ……………… 40g
- ベーコン ……………… 4枚
- にんにく ……………… ½片

A
- 水 ……………………… 200mℓ
- 酒 ……………………… 大さじ1
- 塩麹 …………………… 小さじ2～3
- 鶏がらスープの素（顆粒）… 小さじ½

●作り方
1. かぶは皮をむき、4～6等分のくし形に、ベーコンは長さを4等分に、にんにくは薄切りにする。
2. かぶの葉はざく切りにする。
3. 鍋に1、Aを入れて火にかける。煮立ったら落としぶたをして弱火で10分ほど煮て、2を加えてさっと火を通す。

材料チェンジ
- かぶ3個 ➡ 大根¼本
- ベーコン4枚 ➡ ウインナーソーセージ6本

81

食材リスト ⑯

セロリ

独特な香りを持ち、料理に変化をつけてくれる野菜。煮込み料理やスープ、炒め物、サラダと多彩に調理できます。

作りおきに使う分量

2本（140g）

チェック 筋張っていない

チェック 内側のくぼみが狭い

冷蔵保存法

葉と茎に分けてラップで包むかポリ袋に入れ、茎は立てて冷蔵保存。

旬カレンダー 通年

1月	2月	3月	4月	5月	6月	7月	8月	9月	10月	11月	12月

※露地ものは夏から秋、ハウスものは冬から春。

栄養

- カロテン⇒葉の部分に多く含まれる。
- 香り成分⇒イライラや頭痛を鎮めてくれる。

ピリ辛

レモン汁を入れてピリッとさわやかに

セロリのピリ辛浅漬け

⏰10分 / 冷蔵4日 / 冷凍✕

●材料（4〜5人分）

セロリ……………… 2本（140g）

A ┃ ごま油 …………… 大さじ1
　 ┃ レモン汁 ………… 小さじ2
　 ┃ ラー油 …………… 小さじ1
　 ┃ 塩 ………………… 小さじ1/6
　 ┃ 砂糖 ……………… ひとつまみ

●作り方

1 セロリは筋を取り、1cm幅の斜め切りにする。
2 ポリ袋にAを合わせ、1を加えて軽くもみ、冷蔵庫で30分以上漬ける。

調理の早ワザ

セロリの筋取り

セロリの真ん中でぽきんと折り、反対側のセロリの方へすーっと引っ張ると取れる。

3 材料別 野菜の作りおきおかず

セロリ

塩

セロリ&にんにくの香りが食欲そそる

セロリとたこのガーリック炒め

⏱15分
冷蔵3日
冷凍✕

●材料（4〜5人分）
- セロリ　2本（140g）
- ゆでだこ（足）　100g
- にんにく　2片
- オリーブ油　大さじ1
- 塩　適量
- 粗びき黒こしょう　少々

●作り方
1 セロリは筋を取って乱切りに、ゆでだこはひと口大のそぎ切りにする。
2 にんにくはみじん切りにする。
3 フライパンにオリーブ油、2を入れて弱火にかけ、香りが立ったら、1を入れて強火でさっと炒め合わせ、塩、粗びき黒こしょうで味を調える。

材料チェンジ
- ゆでだこ（足）100g ➡ **ゆでえび100g**
- セロリ2本 ➡ **きゅうり3本**

エスニック

セロリを引き立てるカレー味

セロリと鶏肉のサラダ

⏱15分
冷蔵3日
冷凍✕

●材料（4〜5人分）
- セロリ　2本（140g）
- 鶏むね肉　½枚
- 酒　大さじ1
- レーズン　大さじ1
- パセリ（みじん切り）　少々
- A［マヨネーズ　大さじ3／プレーンヨーグルト　大さじ2／カレー粉　小さじ½／塩、こしょう　適量］

●作り方
1 セロリは筋を取って1cm角に切る。
2 鶏むね肉は耐熱容器に入れて酒をふり、ラップをして電子レンジ（600W）で4〜5分加熱し、そのまま粗熱をとる。皮を取って手で裂く。
3 ボウルにAを入れて混ぜ、1、2、レーズンを加えてあえ、パセリをふる。

材料チェンジ
- 鶏むね肉½枚 ➡ **鶏ささみ2本**
- セロリ2本 ➡ **大根⅓本**

食材リスト ⑰

長ねぎ

一般的な長ねぎは根深ねぎという種類。切ったときに出てくるネバネバが多いと、甘くておいしいです。

作りおきに使う分量
2本（200g）

チェック
緑と白の色がはっきりしている

チェック
根元に弾力がある

冷蔵保存法
洗ったねぎはラップで包み野菜室へ。泥つきのねぎは新聞紙に包み冷暗所に立てる。

旬カレンダー
11～2月

1月 2月 3月 4月 5月 6月 7月 8月 9月 10月 11月 12月

栄養
- 硫化アリル⇒強い香り成分。ビタミンB₁の吸収率を高める。
- ビタミンC⇒白い部分に多く含まれる。

しょうゆ

甘くてトロトロのねぎがおいしい

長ねぎの照り焼き

⏱15分 / 冷蔵3日 / 冷凍1か月

●材料（4～5人分）
- 長ねぎ……………… 2本（200g）
- サラダ油…………… 小さじ2
- A
  - しょうゆ、砂糖…… 各大さじ1
  - 酒 ………………… 小さじ2
  - みりん …………… 小さじ1

●作り方
1. 長ねぎは5cm長さのぶつ切りにする。
2. フライパンにサラダ油を熱し、1を並べ、弱火で両面に焼き色をつけるようにじっくり焼く。
3. 2にAを加えて煮からめる。

保存の名人アドバイス
冷凍用保存袋に並べて入れ冷凍。カップ等に入れたまま冷凍してお弁当のおかずにも。

3 材料別 野菜の作りおきおかず

長ねぎ

塩
ザーサイと長ねぎがシャキシャキ
長ねぎのチャーシューあえ
⏱10分 / 冷蔵3日 / 冷凍1か月

●材料（4～5人分）
- 長ねぎ（白い部分）……… 2本分
- 焼き豚 ……… 60g
- ザーサイ ……… 30g
- A
  - ごま油 ……… 大さじ1½
  - 塩 ……… 小さじ¼
  - 砂糖 ……… ふたつまみ
  - 粗びき黒こしょう ……… 少々

●作り方
1. 長ねぎはせん切りに、焼き豚、ザーサイは細切りにする。
2. ボウルにAを入れて混ぜ、1を加えてあえる。

調理の早ワザ　長ねぎのせん切り
数本の爪楊枝を手で持ち、長ねぎに刺して何本も切れ目を入れた後、包丁で切り離すだけ。

みそ
大人も子供もごはんが進む甘みそ味
長ねぎと豚肉のみそしょうが炒め
⏱15分 / 冷蔵3日 / 冷凍1か月

●材料（4～5人分）
- 長ねぎ ……… 2本（200g）
- 豚肩ロース薄切り肉 ……… 100g
- しょうが ……… 1片
- サラダ油 ……… 小さじ2
- A
  - みそ ……… 大さじ1½
  - 酒、みりん ……… 各大さじ1
  - 砂糖 ……… 大さじ½

●作り方
1. 長ねぎは斜め切りにする。豚肩ロース薄切り肉は小さめのひと口大に切る。
2. しょうがをすりおろし、Aと合わせる。
3. フライパンにサラダ油の半量を中火で熱し、1の豚肉を炒めて、火が通ったら一度取り出す。
4. 残りのサラダ油を熱し、1の長ねぎを焼き、焼き色がついたら3を戻し、2を加え炒め合わせる。

材料チェンジ
- 長ねぎ2本 ➡ 玉ねぎ2個
- A ➡ オイスターソース大さじ2、塩・こしょう各少々

食材リスト ⑱

キャベツ

冬は葉が密に巻いて重く、加熱すると甘みが出ます。春は巻きがゆるく、葉がやわらかいのが特徴です。

作りおきに使う分量

½個（400g）

チェック
外葉に厚みがある

チェック
切り口がみずみずしい

冷蔵保存法

なるべく空気が入らないようにラップに包み冷蔵庫へ。

旬カレンダー 通年

| 1月 | 2月 | 3月 | 4月 | 5月 | 6月 | 7月 | 8月 | 9月 | 10月 | 11月 | 12月 |

※春キャベツ3〜6月、夏キャベツ7〜8月、冬キャベツ11〜2月

栄養

- ビタミンC⇒外側の葉に多い。
- ビタミンU⇒胃酸の分泌を抑え、粘膜の修復を助ける。

塩

ごまとレモンをプラスして食感も◎

キャベツの塩昆布あえ

⏱10分　冷蔵4日　冷凍✕

●材料（4〜5人分）
- キャベツ　　　　½個（400g）
- 塩昆布　　　　　40〜50g
- A
  - ごま油　　　　大さじ1½
  - レモン汁、白いりごま　　各小さじ2

●作り方
1. キャベツは4cm角ぐらいのざく切りにする。
2. ボウルにAを入れて混ぜ、塩昆布、1を加えて、手で軽くもむようにしてあえる。

材料チェンジ
- レモン汁小さじ2 ➡ **酢小さじ2**
- キャベツ½個 ➡ **レタス1個**

3 材料別 野菜の作りおきおかず

キャベツ

キャベツのラーパーツァイ

ピリ辛

白菜の中華風ピリ辛漬けをキャベツでも

⏱ 25分
冷蔵 4日
冷凍 1か月

●材料（4～5人分）
- キャベツ ½個（400g）
- にんじん ⅓本
- しょうが 1片
- 赤唐辛子（輪切り） 1本分
- ごま油 大さじ1
- A：
  - 酢 大さじ6
  - 砂糖 大さじ4
  - 塩 小さじ1

●作り方
1. キャベツは1cm幅の細切り、にんじん、しょうがはせん切りにする。キャベツとにんじんに塩適量（分量外）をふり、軽く混ぜ合わせ15分以上おく。
2. フライパンにごま油、1のしょうが、赤唐辛子を入れて弱火にかけ、香りが立ったらAを加え、砂糖をよく溶かし、火を止めて粗熱をとる。
3. 残りの1を水けをしぼって加え、混ぜ合わせる。

保存の名人アドバイス
ラップで小分けにして、冷凍用保存袋に入れて冷凍。油や砂糖が入っているので保存しやすい。

キャベツのマスタードマリネ

酸っぱい

粒マスタードを使った洋風箸休め

⏱ 10分
冷蔵 4日
冷凍 1か月

●材料（4～5人分）
- キャベツ ½個（400g）
- 玉ねぎ ½個
- A：
  - オリーブ油 大さじ6
  - 酢 大さじ3
  - 粒マスタード 小さじ2
  - 砂糖 小さじ¼
  - 塩、こしょう 各少々

●作り方
1. キャベツはざく切りにし、塩少々（分量外）の入った熱湯でゆでて水けをきる。
2. 玉ねぎはすりおろし、耐熱容器に入れ、ラップをせずに電子レンジ（600W）で1分加熱する。粗熱がとれたら、Aと混ぜ合わせる。水けを軽くしぼった1を混ぜ、冷蔵庫で30分以上漬ける。

材料チェンジ
- 酢大さじ3 ➡ 白ワインビネガー大さじ3
- キャベツ½個 ➡ にんじん1本

ピリ辛

貝割れ大根＆柚子こしょうで辛みを

キャベツとほたてのコールスロー

⏱ 10分　冷蔵 3日　冷凍 1か月

●材料（4〜5人分）
- キャベツ …… ½個（400g）
- ほたて缶 …… 大1缶（135g）
- 貝割れ大根 …… ½パック
- 塩 …… 小さじ1
- A
  - フレンチドレッシング（市販）…… 大さじ3
  - マヨネーズ …… 大さじ3
  - 柚子こしょう …… 大さじ½

●作り方
1. キャベツは太めのせん切りにして塩をふり、15分以上おいて、しんなりとしたら水けをしぼる。
2. 貝割れ大根は根を落として半分の長さに、ほたて缶は軽く水けをきってほぐす。
3. ボウルにAを入れて混ぜ、1、2を加えてあえる。

調味料使い回し　柚子こしょう
グリルした肉や魚、サラダの隠し味にも。
➡ P53 玉ねぎとささみの柚子こしょうサラダ
➡ P125 里いものクリームチーズあえ

塩

香りも食欲をそそるイタリアンな味

キャベツのアンチョビ炒め

⏱ 15分　冷蔵 3日　冷凍 ✕

●材料（4〜5人分）
- キャベツ …… ½個（400g）
- にんにく …… 2片
- 赤唐辛子（輪切り）…… 1本分
- アンチョビ …… 3〜4枚
- オリーブ油 …… 大さじ1
- 塩、こしょう …… 各適量

●作り方
1. キャベツは4cm角ぐらいのざく切りにする。耐熱容器に入れ、ふんわりとラップをかけて電子レンジ（600W）で1分〜1分半加熱する。
2. にんにく、アンチョビはみじん切りにする。
3. フライパンにオリーブ油、2、赤唐辛子を入れて弱火にかけ、香りが立ったら水けをきった1を加え、強火でさっと炒めて塩、こしょうで味を調える。

材料チェンジ
- キャベツ½個 ➡ じゃがいも3個
- オリーブ油大さじ1 ➡ バター大さじ1

3 材料別 野菜の作りおきおかず

キャベツ

ピリ辛
刻んだ紅しょうがで色も味もUP
⏱15分 / 冷蔵3日 / 冷凍1か月

キャベツのお好み風

●材料（4～5人分）
- キャベツ ½個（400g）
- 紅しょうが 20g
- かつお節 6g
- 青のり 少々
- サラダ油 小さじ2
- A
  - 中濃ソース 大さじ1½～2
  - オイスターソース 小さじ2

●作り方
1. キャベツは4cm角ぐらいのざく切りにする。耐熱容器に入れ、ふんわりとラップをかけて電子レンジ（600W）で1分～1分半加熱する。
2. フライパンにサラダ油を熱し、水けをきった1を入れて強火でさっと炒める。
3. Aと刻んだ紅しょうがを加えて炒め合わせ、かつお節、青のりを散らす。

材料チェンジ
- 出来上がりにマヨネーズ適量をかける
- キャベツ½個 ➡ **白菜¼個**

エスニック
ごま油×コチュジャンの相性バツグン
⏱20分 / 冷蔵3日 / 冷凍1か月

キャベツとソーセージのコチュジャン炒め

●材料（4～5人分）
- キャベツ ½個（400g）
- ウインナーソーセージ 4本
- にんにく、しょうが 各1片
- A
  - コチュジャン、酒、みりん、しょうゆ 各大さじ2
  - 砂糖 小さじ2
- ごま油 小さじ2

●作り方
1. キャベツは4cm角ぐらいのざく切りにする。耐熱容器に入れ、ふんわりとラップをして電子レンジ（600W）で1分～1分半加熱する。
2. ソーセージは斜めに3等分にする。にんにく、しょうがはすりおろし、Aと合わせる。
3. フライパンにごま油を中火で熱し、2のソーセージ、水けをきった1の順に加えて炒める。全体に油がまわったら、Aを加えて炒め合わせる。

材料チェンジ
- キャベツ½個 ➡ **玉ねぎ1個**
- **白すりごま適量**を最後にふる

食材リスト ⑲

ほうれん草

緑黄色野菜の中では抜群の栄養価があります。乾燥を嫌うので、すぐ使わない場合はゆでて冷凍保存を。

作りおきに使う分量
2束（600g）

チェック 濃い緑色でハリがある

チェック 根の切り口が太くて赤い

冷蔵保存法
湿らせた新聞紙で包み、ポリ袋に入れ、根を下にして野菜室で冷蔵。

旬カレンダー 1～11月

1月 2月 3月 4月 5月 6月 7月 8月 9月 10月 11月 12月

栄養
- 鉄⇒ヘモグロビンの構成成分となり、貧血を予防。
- ビタミンC⇒コラーゲン生成を促す。

酸っぱい

梅干しを使った優しい和だしで

ほうれん草の梅あえ

⏱15分　冷蔵4日　冷凍1か月

●材料（4～5人分）
ほうれん草………… 2束（600g）
かつお節……………………… 6g
A ┃ 梅干し………… 4個（50g）
　 ┃ みりん、だし汁…各大さじ2

●作り方
1　ほうれん草は水で根元までよく洗い、塩適量（分量外）を入れた熱湯でゆでる。冷水にとり、軽く水けをしぼる。
2　Aの梅干しは包丁で細かくたたき、残りのAと合わせる。
3　保存容器に食べやすい長さに切った1を入れ、2をかけ、かつお節をのせる。

材料チェンジ
- ほうれん草2束 ➡ キャベツ½個
- ほうれん草1束 ➡ しめじ1パック

3 材料別 野菜の作りおきおかず

ほうれん草

酸っぱい ⏱15分 / 冷蔵4日 / 冷凍1か月

練りごまをたっぷり使って栄養満点

ほうれん草のごま酢あえ

●材料（4〜5人分）
- ほうれん草 ………… 2束（600g）
- しょうゆ ………………… 小さじ2
- A
  - 白練りごま ……………… 90g
  - 酢 ………………………… 大さじ3
  - 砂糖、しょうゆ …… 各大さじ1
  - 水 ………………………… 小さじ2

●作り方
1. ほうれん草は水で根元までよく洗い、塩適量（分量外）を入れた熱湯でゆでる。冷水にとり、軽く水けをしぼり、しょうゆをかけてなじませ、よく水けをしぼる。
2. ボウルにAを入れて混ぜ、食べやすい長さに切った1を加えてあえる。

保存の名人アドバイス
ふたつきのホーローなどに入れて保存。小分けにして冷凍用保存袋に入れて冷凍しても可。

ピリ辛 ⏱15分 / 冷蔵4日 / 冷凍1か月

柚子こしょうと韓国のりでピリ辛に

ほうれん草ののりあえ

●材料（4〜5人分）
- ほうれん草 ………… 2束（600g）
- えのきだけ ……………… ⅔パック
- 韓国のり ………………… 15枚
- しょうゆ ………………… 小さじ2
- 柚子こしょう …………… 小さじ1

●作り方
1. えのきだけは根元を取り、半分の長さに切ってほぐす。塩適量（分量外）を入れた熱湯でゆでて取り出し、水けをきる。
2. ほうれん草は水で根元までよく洗い、1の熱湯でゆでる。冷水にとり、軽く水けをしぼる。
3. ボウルに食べやすい長さに切った2、1、ちぎった韓国のりを入れ、柚子こしょう、しょうゆを加えてあえる。

材料チェンジ
- 酢大さじ1を最後にかける
- えのきだけ⅔パック ➡ しめじ1パック

塩 ⏱15分 冷蔵3日 冷凍1か月

プチプチしたたらこの食感も楽しんで

ほうれん草のたらこ炒め

●材料（4〜5人分）
- ほうれん草 ………… 2束（600g）
- たらこ …………………………… 2腹
- サラダ油 ………………… 大さじ1⅓
- 酒 ………………………… 大さじ4
- 塩 …………………………………… 少々

●作り方
1. ほうれん草はよく洗い、根を落として4〜5cm長さに切る。たらこはひと口大に切る。
2. フライパンにサラダ油を熱し、**1**のほうれん草を入れてふたをして中火にかける。
3. ほうれん草がしんなりとしたら、さっと混ぜて**1**のたらこを加え、酒をふって炒め合わせ、塩で味を調える。

材料チェンジ
- ほうれん草2束 ➡ **チンゲン菜2株**
- たらこ2腹 ➡ **ベーコン150g**

塩 ⏱20分 冷蔵3日 冷凍3週間

バターを加えてコクをプラス

ほうれん草とあさりの塩バター蒸し

●材料（4〜5人分）
- ほうれん草 2束（600g）
- あさり（砂抜きしたもの） ………… 300g
- 酒 ………………………… 大さじ4
- バター ……………………………… 20g
- 塩 …………………………………… 適量

●作り方
1. ほうれん草はよく洗い、塩適量（分量外）の入った熱湯でゆでる。冷水にとって水けを絞り、根を落としてざく切りにする。
2. フライパンにあさり、酒を入れ、ふたをして中火にかける。あさりの口が開いたら、**1**を加えてふたをして、さらに1分ほど蒸す。
3. **2**にバターを加え、味が薄ければ塩で味を調える。

保存の名人アドバイス

あさりの殻を除いて冷凍用保存袋に入れて冷凍。冷蔵庫で解凍して電子レンジで温めるとあさりが固くなりにくい。

3 材料別 野菜の作りおきおかず

ほうれん草

酸っぱい
ポン酢を使ってササッと作れる
ほうれん草としめじのポン酢炒め

10分 ／ 冷蔵3日 ／ 冷凍1か月

●材料（4～5人分）
- ほうれん草 …………… 2束（600g）
- しめじ …………………… 2パック
- バター ………………………… 20g
- ポン酢しょうゆ ………… 大さじ4～6

●作り方
1. ほうれん草はよく洗い、根を落として4～5cm長さに切る。しめじは根元を落としてほぐす。
2. フライパンにバターを溶かし、1を入れてふたをして中火にかける。ほうれん草がしんなりとしてきたら、ポン酢しょうゆを加えて炒め合わせる。

材料チェンジ
- ほうれん草2束 ➡ 小松菜2束
- バター20g ➡ ごま油大さじ1

中華
しょうがのせん切りをたっぷり入れて
ほうれん草と卵の中華炒め

15分 ／ 冷蔵3日 ／ 冷凍×

●材料（4～5人分）
- ほうれん草 2束（600g）
- しょうが …………… 2片
- 溶き卵 …………… 4個分
- 塩 …………………… 少々
- ごま油 ………… 大さじ2

A
- 酒 ………… 大さじ2
- しょうゆ …… 小さじ2
- 鶏がらスープの素（顆粒）… 小さじ2
- こしょう ……… 少々

●作り方
1. ほうれん草はよく洗い、根を落として4～5cm長さに切る。しょうがはせん切りにする。
2. フライパンに半量のごま油を熱し、塩を混ぜた溶き卵を入れて中火で炒め、一度取り出す。
3. 2に残りのサラダ油、1のしょうがを入れ、香りが立ったら1のほうれん草を加え、しんなりとしたら2の卵を戻し入れ、Aをまわし入れて炒め合わせる。

材料チェンジ
- ほうれん草2束 ➡ チンゲン菜4株
- 豆板醤少々をAに加える

食材リスト ⑳

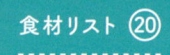

白菜

葉と軸で別の食感がたのしめます。軸は大きく切らずに、細切りやそぎ切りにして食べやすくします。

作りおきに使う分量

¼個（400g）

チェック
ずっしり重い

チェック
切り口が白い

冷蔵保存法

丸ごとの場合は新聞紙に包み冷暗所へ。カット品はラップで包む。

旬カレンダー

11～2月

1月／2月／3月／4月／5月／6月／7月／8月／9月／10月／11月／12月

栄養

- カリウム⇒体内の老廃物の排出を助ける。
- ビタミンC⇒風邪予防、免疫力アップに。

酸っぱい

仕上げにごま油をふりかけ香りUP

白菜の甘酢漬け

⏱15分　冷蔵5日　冷凍1か月

● 材料（4～5人分）

白菜……… ¼個（400g）
塩………… 小さじ½
しょうが…………… 10g

A ┃ 酢…………… 200㎖
　 ┃ 砂糖………… 40g
　 ┃ 塩………… 小さじ1
　 ┃ 赤唐辛子（輪切り）
　 ┃ …………… 1本分

ごま油………… 大さじ1

● 作り方

1. 白菜は3cm長さの短冊切りにし、塩をふってよくもむ。しょうがは皮をむいてせん切りにする。
2. 小鍋にAを入れてひと煮立ちさせ、粗熱をとる。
3. 1の白菜の水けをしぼり、2と合わせる。1のしょうがを加え、ごま油をまわしかけて味をなじませる。

保存の名人アドバイス

小分けにして冷凍用保存袋に入れて冷凍。砂糖や油を使っているので冷凍で保存も可。

しょうゆ

だしを変えればいろいろ楽しめる

白菜のベーコン煮

⏱ 20分 / 冷蔵 3日 / 冷凍 1か月

●材料（4〜5人分）
- 白菜……………………¼個（400g）
- ベーコン………………………3枚
- A
  - だし汁…………………400㎖
  - 酒………………………大さじ3
  - みりん…………………大さじ2
  - しょうゆ………………小さじ2
  - 塩………………………適量

●作り方
1. 白菜は葉をざく切りに、軸はひと口大のそぎ切りにする。ベーコンは3cm幅に切る。
2. 鍋にAと1を入れて火にかけ、煮立ったら弱火にして10〜15分、白菜がやわらかくなるまで煮る。

材料チェンジ
- だし汁400㎖ ➡ コンソメスープ400㎖
- 白菜¼個 ➡ かぶ4個

酸っぱい

かにかまで彩りと風味に変化をつけて

白菜とかにかまのあえ物

⏱ 15分 / 冷蔵 3日 / 冷凍 3週間

●材料（4〜5人分）
- 白菜……………………¼個（400g）
- わかめ（乾燥）………………大さじ2
- かに風味かまぼこ………………6本
- A
  - ポン酢しょうゆ………60㎖
  - だし汁…………………大さじ2
  - サラダ油………………大さじ1

●作り方
1. 白菜は細切りにする。熱湯でさっとゆでて、水にとり、水けをしぼる。
2. わかめは水でもどして水けをきる。かに風味かまぼこは半分の長さに切ってほぐす。
3. ボウルにAを入れて混ぜ、1と2を加えてあえる。

材料チェンジ
- 白菜¼個 ➡ きゅうり3本
- サラダ油大さじ1 ➡ ごま油大さじ1

---

3 材料別 野菜の作りおきおかず　白菜

中華

たっぷり白菜でヘルシーに

麻婆白菜

⏱ 20分　冷蔵 3日　冷凍 1か月

●材料（4〜5人分）
- 白菜……¼個（400g）
- 豚ひき肉……80g
- 春雨……20g
- にんにく……1片
- しょうが……1片
- 豆板醤……小さじ1
- ごま油……小さじ2
- A
  - 水……300㎖
  - みそ……大さじ1⅓
  - しょうゆ、砂糖、鶏がらスープの素（顆粒）……各小さじ2
- 水溶き片栗粉……適量

●作り方
1. 白菜は葉をざく切りに、芯は5cm長さの棒状に切る。春雨は半分の長さに切る。
2. にんにく、しょうがはみじん切りにする。
3. フライパンにごま油、2、豆板醤を入れて弱火にかけ、香りが立ったら豚肉を加えて炒める。肉の色が変わったら、1の白菜を加えて炒め、合わせたAを加えて、ふたをして5分ほど煮る。
4. 3に1の春雨を加え、水分を含ませるように2〜3分煮て、水溶き片栗粉でとろみをつける。

酸っぱい

輪切りのレモンを入れてさわやかに

白菜のレモン浅漬け

⏱ 20分　冷蔵 4日　冷凍 1か月

●材料（4〜5人分）
- 白菜……¼個（400g）
- レモン（無農薬のもの）……½個
- 昆布（5cm角）……1枚
- 塩……小さじ1
- 薄口しょうゆ……少々

●作り方
1. 白菜は葉をざく切りに、芯は5cm長さの棒状に切る。昆布はキッチンばさみで細く切る。レモンは薄い輪切りを2枚取り、残りは果汁を搾る。
2. ボウルに1の白菜と昆布、塩を入れて軽くもみ、15分以上おく。しんなりとしたら水けをしぼる。
3. 2に1のレモンの薄切り、レモン汁、薄口しょうゆを加えて混ぜ合わせる。

3 材料別 野菜の作りおきおかず

白菜

しょうゆ

なめたけのとろみを活かして

白菜となめたけのとろ煮

⏱ 20分 / 冷蔵 3日 / 冷凍 1か月

●材料（4〜5人分）
- 白菜……………¼個（400g）
- なめたけ…………1瓶（200g）
- 塩………………………適量
- ごま油………………小さじ1

●作り方

1. 白菜は葉をざく切りにして、芯は5cm長さの棒状に切る。
2. 鍋に1、なめたけを入れ、ふたをして10〜15分ほど中火で煮る。
3. 塩で味を調え、火を止めてごま油をまわし入れて混ぜ合わせる。

保存の名人アドバイス

ふたつきのホーローなどに入れて冷蔵。ラーメンやごはんの具にしても◎。

エスニック

バターピーナッツがアクセントに

白菜のエスニックサラダ

⏱ 15分 / 冷蔵 3日 / 冷凍 1か月

●材料（4〜5人分）
- 白菜………¼個（400g）
- むきえび……………8尾
- 香菜…………………1株
- バターピーナッツ………大さじ2

A
- ナンプラー…大さじ2
- レモン汁……大さじ1
- 砂糖…………小さじ2
- 赤唐辛子（輪切り）……少々

●作り方

1. 白菜は葉をざく切りに、芯は5cm長さの棒状に切る。むきえびは厚さを半分に切ってゆでる。香菜はざく切りにして、バターピーナッツは粗く刻む。
2. 塩適量（分量外）を入れた熱湯で1の白菜をゆで、ザルにあげて粗熱をとる。
3. ボウルにAを入れて混ぜ、水けをしぼった2、残りの1を加えてあえる。

材料チェンジ

- 白菜¼個 ➡ レタス1玉
- 豆板醤小さじ1をAに加える

食材リスト ㉑

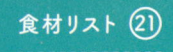

小松菜

葉も茎も繊維がしっかりしていて、作りおきに向く野菜。根元を切り落としたら茎についた土をしっかり洗って。

作りおきに使う分量
1束（300g）

チェック
葉が肉厚で濃い緑

チェック
茎が太く張りがある

冷蔵保存法
湿らせた新聞紙で包み、ポリ袋に入れ、根を下にして野菜室で冷蔵。

旬カレンダー 12～2月

| 1月 | 2月 | 3月 | 4月 | 5月 | 6月 | 7月 | 8月 | 9月 | 10月 | 11月 | 12月 |

栄養
- カルシウム⇒ほうれん草の4倍。骨を丈夫にする。
- 鉄⇒貧血を予防する。

エスニック

焼き肉にビビンパに大活躍の副菜

小松菜のナムル

⏰15分　冷蔵4日　冷凍3週間

●材料（4～5人分）
- 小松菜……………………1束（300g）
- 白いりごま………………大さじ1
- A
  - ごま油………………小さじ2
  - 鶏がらスープの素（顆粒）…小さじ½
  - 塩……………………適量
  - にんにく（すりおろし）…½片分

●作り方
1. 小松菜はよく洗い、塩適量（分量外）を入れた熱湯でゆで、冷水にとり、水けをよくしぼる。根を落とし、4cm長さのざく切りにする。
2. ボウルにAを入れて混ぜ、1、白いりごまを加えてあえる。

保存の名人アドバイス
ラップで小分けにして、冷凍用保存袋に入れて冷凍。もやしやにんじんなどで作っても同様に。

3 材料別 野菜の作りおきおかず

小松菜

ピリ辛
みりんと練り辛子でマイルドな辛さに

小松菜の辛子あえ

⏱ 15分 / 冷蔵 4日 / 冷凍 1か月

●材料（4〜5人分）
- 小松菜 ……………… 1束（300g）
- 油揚げ ……………… ½枚
- A
  - しょうゆ ………… 大さじ1
  - みりん …………… 大さじ½
  - 練り辛子 ………… 小さじ½

●作り方
1. 小松菜はよく洗い、塩適量（分量外）を入れた熱湯でゆで、冷水にとり、水けをしぼる。根を落とし、4cm長さのざく切りにする。
2. 油揚げはフライパンで両面をカリッと焼き、細切りにする。
3. ボウルにAを入れて混ぜ、1、2を加えてあえる。

材料チェンジ
- 小松菜1束 ➡ セロリ1本
- 練り辛子小さじ½ ➡ 柚子こしょう小さじ½

酸っぱい
相性バツグンのツナを入れて

小松菜とツナのサラダ

⏱ 15分 / 冷蔵 3日 / 冷凍 1か月

●材料（4〜5人分）
- 小松菜 ……………… 1束（300g）
- ツナ ………………… 1缶
- A
  - オリーブ油 ……… 大さじ1
  - 粒マスタード、レモン汁 …………… 小さじ2
  - 塩 ………………… 小さじ⅓

●作り方
1. 小松菜はよく洗い、塩適量（分量外）を入れた熱湯でゆで、冷水にとり、水けをしぼる。根を落とし、4cm長さのざく切りにする。
2. ボウルにAを入れて混ぜ、1と、ツナ缶は缶汁ごと加えてあえる。

材料チェンジ
- 小松菜1束 ➡ 玉ねぎ2個
- A ➡ 塩昆布大さじ1、レモン汁小さじ1、こしょう少々

食材リスト ㉒

水菜

京菜、壬生菜（みぶな）とも呼ばれ、栄養バランスがよい野菜。水を張ったボウルに根をつけておくと葉がピンとします。

作りおきに使う分量

1束（200g）

チェック
葉がみずみずしい

チェック
緑色が鮮やか

冷蔵保存法

新聞紙で包み、ポリ袋に入れて冷蔵庫へ。

旬カレンダー

12〜3月

1月	2月	3月	4月	5月	6月	7月	8月	9月	10月	11月	12月

※ハウスものは通年

栄養

- ビタミンC ⇒ 風邪予防や疲労回復、肌荒れに効果的。
- カルシウム ⇒ 骨の健康維持に。

エスニック

干しえびが隠し味の本格キムチ

水菜のキムチ

⏱15分　冷蔵3日　冷凍✕

●材料（4〜5人分）

水菜 ……………… 1束（200g）
干しえび ………… 大さじ1
A ┌ にんにく（すりおろし） … 1片分
　│ 豆板醤 …………… 小さじ2
　│ コチュジャン、しょうゆ、酒、
　│ 　ごま油 ………… 各大さじ½
　└ みりん、砂糖 …… 各小さじ1

●作り方

1. 水菜は3cm長さに切る。干しえびは細かく刻む。
2. ボウルにA、1の干しえびを入れて混ぜ、1の水菜を加えてあえる。

材料チェンジ

- 水菜1束 ➡ にら1束
- しょうゆ大さじ½ ➡ ナンプラー大さじ1

3 材料別 野菜の作りおきおかず

水菜

しょうゆ

さつま揚げでボリューミーに
水菜とさつま揚げの煮びたし

⏱ 15分 / 冷蔵 3日 / 冷凍 3週間

●材料（4～5人分）
- 水菜　　　　　　　　1束（200g）
- さつま揚げ　　　　　5枚
- A
  - 酒　　　　　　　　大さじ2
  - しょうゆ（あれば薄口しょうゆ）、みりん　　　各大さじ1

●作り方
1. 水菜は根元を切り落とし、4cm長さに切る。さつま揚げは1cm幅に切る。
2. 鍋にAを入れて煮立て、1を入れて3分ほど煮る。

材料チェンジ
- 水菜1束 ➡ 小松菜1束
- さつま揚げ5枚 ➡ 厚揚げ1枚

しょうゆ

鶏むね肉を使ったヘルシーあえ物
水菜と鶏肉のごまあえ

⏱ 20分 / 冷蔵 3日 / 冷凍 ✕

●材料（4～5人分）
- 水菜　　　　　　　　1束（200g）
- しいたけ　　　　　　4個
- 鶏むね肉　　　　　　½枚
- 塩　　　　　　　　　少々
- 酒　　　　　　　　　小さじ2
- A
  - 白すりごま　　　　大さじ3
  - しょうゆ　　　　　大さじ1⅓
  - 砂糖　　　　　　　大さじ1
  - 酒　　　　　　　　小さじ2

●作り方
1. 水菜は根元を切り落とし、3cm長さに切る。しいたけは石づきを取って、5mm幅の薄切りにする。鶏むね肉には塩をふる。
2. 鍋に湯を沸かし、1の水菜としいたけをさっとゆでて水けをきる。その湯に酒を加え、1の鶏肉をごく弱火で10分ゆでて火を止め、そのまま冷ます。
3. 2の鶏肉の粗熱がとれたら手で裂き、水菜、しいたけとともにAであえる。

保存の名人アドバイス
ふたつきのホーローなどに入れて冷蔵。冷凍すると、水菜がしなしなになるので注意。

野菜の便利な冷蔵＆冷凍法

野菜は乾燥に弱いものが多いのですが、適切な方法で保存すれば、長くおいしくたのしめます。

ほうれん草（小松菜、春菊）

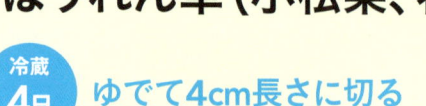

冷蔵 4日 ゆでて4cm長さに切る

塩を入れた熱湯で1分ほどゆで、水にさらして冷めたら軽く水けをしぼる。4cm長さに切って保存容器に入れ、食べるときに水けをよくしぼる。

使い方 おひたし、みそ汁の具

冷凍 1か月 ゆでて4cm長さに切る

冷蔵用と同様にゆでて切り、しっかり水けをしぼる。金属トレイにラップをしいてバラバラになるように広げ、冷凍庫で固めたら保存袋に入れる。

使い方 凍ったまま炒め物やみそ汁

ブロッコリー（カリフラワー）

冷蔵 4日 小房に分けてかためにゆでる

塩を入れた熱湯で2分ほどゆで、水にさらして冷めたら軽く水けをきる。ペーパータオルを敷いた保存容器に入れる。

使い方 サラダのトッピング、スープの具

冷凍 1か月 小房に分けてかためにゆでる

冷蔵用と同様にゆでて、水けをきる。金属トレイにラップをしいてくっつかないようにおき、冷凍庫に入れて固まったら保存袋に入れる。

使い方 凍ったまま炒め物、温野菜

キャベツ（白菜）

冷蔵 4日 細切りにして塩もみする

5cm長さの細切りにして、塩少々をふってもむ。保存容器に入れて、使う分だけ水けをしぼって使う。

使い方 あえ物、みそ汁の具

冷凍 1か月 ざく切りにする

ざく切りにして、生のまま保存袋に入れる。まとめて入れてもくっつかないので、使いたいだけ取って使える。

使い方 凍ったままスープ、蒸し物

大根

冷蔵 4日 いちょう切りにして塩もみする

2mm厚さのいちょう切りにして、塩少々をふってもむ。保存袋に入れて、使う分だけ水けをきって使う。水分が出て、歯ごたえが出る。

使い方 サラダやあえ物、炒め物

冷凍 1か月 細切りにする

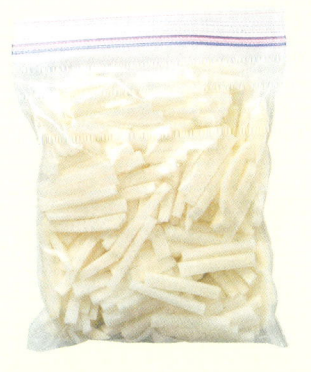

細切りにして保存袋に入れ、塩、砂糖各少々をふってもんでなじませる。下味をしておくと、冷凍しても筋っぽくならない。

使い方 凍ったまま煮物、酢の物

トマト

冷凍 1か月 ヘタを取る

ヘタを取って保存袋に入れる。凍ったまますりおろして使う。冷凍庫から出して流水をかけると皮がペロッとむける。

使い方 凍ったまますりおろしてドレッシング、ソース

冷凍 1か月 湯むきをして角切りにする

ヘタを取って皮を湯むきして、角切りにする。保存袋に入れて薄くのばし、空気を抜きながら密閉する。

使い方 凍ったままスープ、ソース

にんじん

冷凍 1か月 いちょう切りにする

皮をむいていちょう切りにする。保存袋に入れて空気を抜きながら密封する。短冊切りでもよいが、薄く切るのがポイント。

使い方 凍ったままスープ、炒め物

じゃがいも

冷凍 1か月 ゆでてつぶす

ゆでて火を通して皮をむいてつぶし、1個分ずつラップに包んで保存袋に入れる。じゃがいもはかたまりのまま冷凍しない。

使い方 冷蔵庫で解凍してコロッケ、サラダ

きゅうり

冷凍 1か月 小口切りにして塩もみする

板ずりをして、1mm厚さの小口切りにして保存袋に入れ、塩をふって袋の上からもみ、空気を抜きながら密封する。

使い方 冷蔵庫で解凍して酢の物、サラダ

アボカド

冷凍 1か月 皮をむいてつぶす

種を取り、皮をむいて保存袋に入れ、レモン汁をふって空気にふれないように袋の上からもんでつぶし、空気を抜きながら密封する。

使い方 冷蔵庫で解凍してあえ物、サラダ、ディップ

きのこ

冷凍 1か月 下処理をして切る

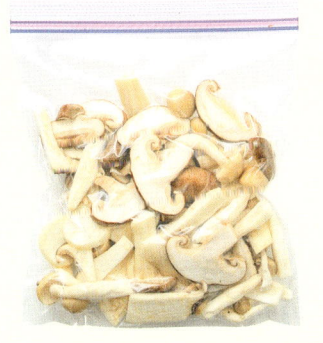

しいたけは石づきを取って薄切り、しめじは石づきを取って小房に分け、エリンギは根元を取って4等分に切る。混ぜて保存袋に入れる。

使い方 凍ったまま煮物、炊き込みごはん

薬味（万能ねぎ、しょうがなど）

冷凍 1か月 万能ねぎは小口切り、しょうがは使いやすく切る

万能ねぎは小口切りにして、つぶれないように保存袋に入れる。しょうがはみじん切りやすりおろしにして、1片ずつラップに包む。

使い方 凍ったまま温かい料理に加える

105

食材リスト ㉓

ごぼう

食物繊維がたっぷりの野菜です。冷凍するときはささがき、細切りなど小さめに切って、加熱してから保存して。

作りおきに使う分量

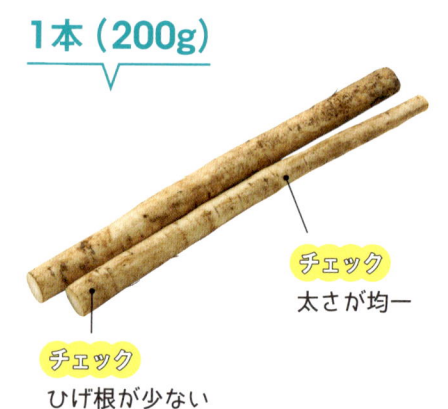

1本（200g）

チェック：太さが均一
チェック：ひげ根が少ない

冷蔵保存法

泥つきは新聞紙に包み冷暗所へ。洗いごぼうはポリ袋に入れ冷蔵庫へ。

旬カレンダー 11〜1月

1月	2月	3月	4月	5月	6月	7月	8月	9月	10月	11月	12月

※新ごぼうは4〜5月

栄養

- イヌリン⇒腸内環境を整える。
- アルギニン⇒滋養強壮に役立つ。

しょうゆ

ポリポリした食感が存分に味わえる

ごぼうのたまり漬け

⏰20分　冷蔵5日　冷凍1か月

●材料（4〜5人分）

ごぼう ……………… 1本（200g）
A ┌ だし汁 …………… 150㎖
　├ しょうゆ ………… 40㎖
　├ 砂糖 ……………… 25g
　├ みりん …………… 大さじ1
　└ 赤唐辛子（輪切り）… ½本分
酢 ………………………… 大さじ1

●作り方

1. ごぼうは皮をこそげて4cm長さに切り、太い部分はさらに縦に4等分に切る。酢少々（分量外）を入れた熱湯で1分ほどゆでて水けをきる。
2. 鍋にAを入れてひと煮立ちさせて火を止め、酢を加えて粗熱を取る。
3. 2に1を入れてひと晩漬ける。

材料チェンジ

- ごぼう2本 ➡ 大根⅓本
- 赤唐辛子½本 ➡ 練りわさび小さじ½

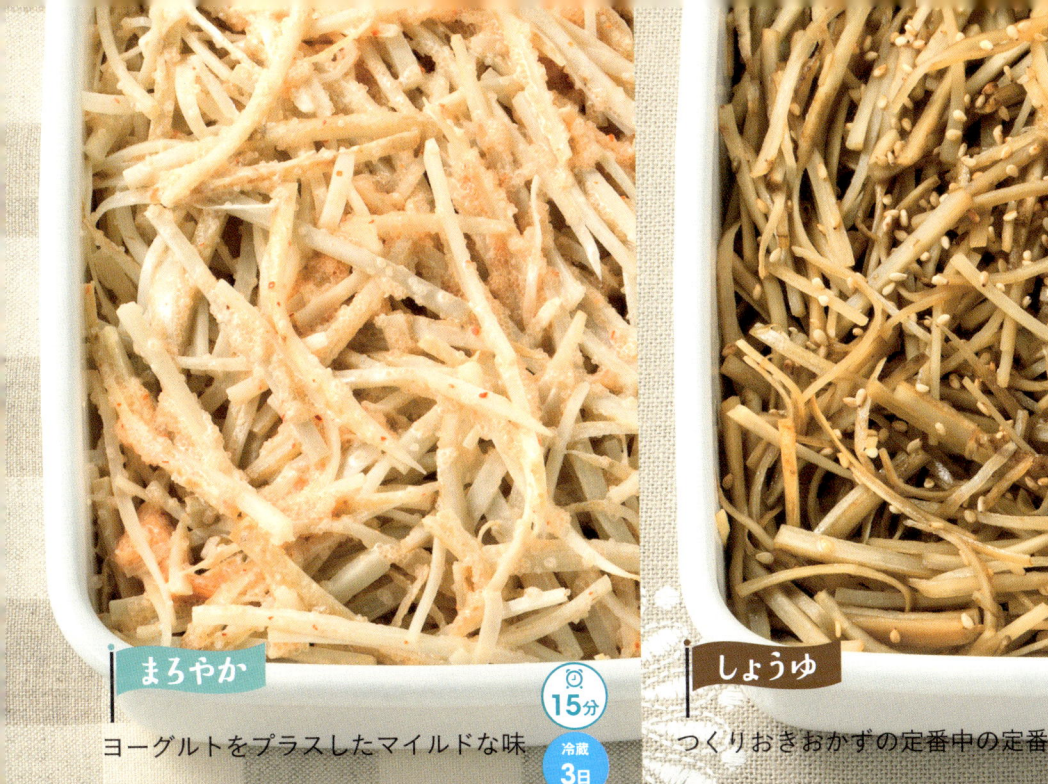

まろやか ⏰15分 冷蔵3日 冷凍3週間

ヨーグルトをプラスしたマイルドな味

ごぼうの明太サラダ

●材料（4〜5人分）
- ごぼう………1本（200g）
- 明太子………1腹
- A
  - マヨネーズ……大さじ1と½
  - プレーンヨーグルト…小さじ2
  - レモン汁、塩、こしょう……各少々

●作り方
1. ごぼうは皮をこそげて5cm長さの細切りにし、水にさらす。酢少々（分量外）を入れた熱湯でさっとゆでる。
2. 明太子は薄皮を取って中身を取り出し、ボウルに入れてAと混ぜ合わせる。
3. 1の水けをきり、2に加えてあえる。

材料チェンジ
- きゅうり⅓本を小口切りにして最後に加える
- レモン汁少々 ➡ 粒マスタード小さじ1

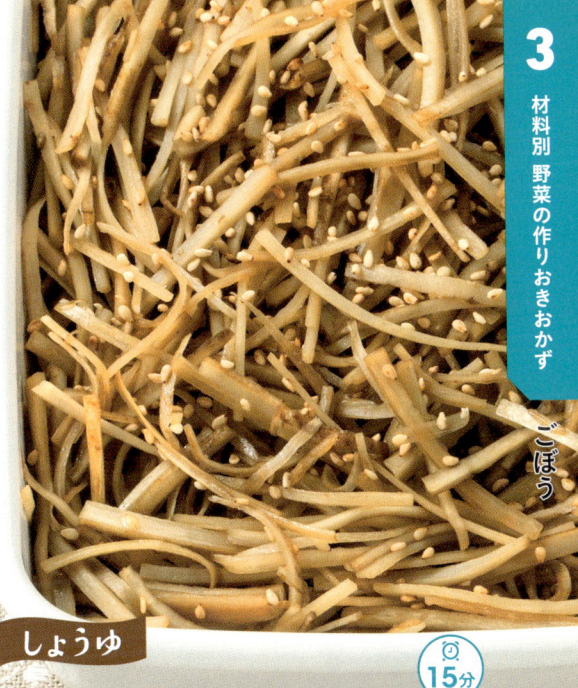

しょうゆ ⏰15分 冷蔵4日 冷凍1か月

つくりおきおかずの定番中の定番

きんぴらごぼう

●材料（4〜5人分）
- ごぼう………1本（200g）
- サラダ油………大さじ1
- 白いりごま………大さじ½
- A
  - しょうゆ………大さじ2½
  - みりん………大さじ2
  - 砂糖………大さじ½

●作り方
1. ごぼうは皮をこそげて4cm長さの細切りにし、水にさらす。
2. フライパンにサラダ油を中火で熱し、水けをきった1を炒める。
3. しんなりとしてきたら、Aを加えて汁けがなくなるまで炒め合わせ、白いりごまをふる。

保存の名人アドバイス
ラップで小分けに包み、冷凍用保存袋に入れて冷凍。小さなカップに入れ冷凍すればお弁当に便利。 

---

3 材料別 野菜の作りおきおかず ごぼう

しょうゆ

牛丼のようにごはんにのせて食べても

豚ごぼう

⏱ 15分 / 冷蔵 3日 / 冷凍 1か月

●材料（4〜5人分）
- ごぼう……………… 1本（200g）
- 豚バラ薄切り肉……………… 100g
- サラダ油……………… 大さじ1
- A
  - だし汁……………… 300mℓ
  - みりん、しょうゆ… 各大さじ4
  - 砂糖……………… 大さじ2

●作り方
1. ごぼうは皮をこそげてささがきにし、水にさらす。豚バラ薄切り肉はひと口大に切る。
2. フライパンにサラダ油を中火で熱し、豚肉、水けをきったごぼうを炒める。
3. ごぼうがしんなりとしてきたら、Aを入れ、アクを取りながら5分ほど煮る。

保存の名人アドバイス
冷凍用保存袋に入れて汁ごと冷凍。電子レンジまたは湯せんで解凍するのがオススメ。

エスニック

ひき肉を使ったドライカレー風の常備菜

根菜のカレー炒め

⏱ 20分 / 冷蔵 3日 / 冷凍 1か月

●材料（4〜5人分）
- ごぼう…… 1本（200g）
- にんじん……………… ½本
- 合いびき肉……………… 75g
- サラダ油……… 大さじ1
- にんにく（すりおろし）……………… 小さじ½
- A
  - 酒……………… 大さじ1
  - しょうゆ…… 小さじ2
  - カレー粉……………… 小さじ1½
  - 塩、こしょう… 各少々

●作り方
1. ごぼうは皮をこそげて7〜8mmの半月切りにし、水にさらす。にんじんは角切りにする。
2. フライパンにサラダ油を中火で熱し、おろしにんにく、1を入れて5分ほど炒める。
3. 合いびき肉を加えてさらに炒め、肉の色が変わったらAを加えて炒め合わせる。

材料チェンジ
- ごぼう2本 ➡ じゃがいも2個
- 大豆水煮100gをAといっしょに加える

3 材料別 野菜の作りおきおかず ごぼう

中華
ヘルシー食材を中華風味で味わう
ごぼうのオイスター煮

⏱20分 / 冷蔵3日 / 冷凍1か月

●材料（4〜5人分）
- ごぼう……1本（200g）
- しめじ……½パック
- にんにく……1片
- ごま油……大さじ1
- A
  - 水……100㎖
  - 酒……大さじ2
  - しょうゆ……大さじ1
  - オイスターソース……大さじ½
  - 砂糖……小さじ1
  - 鶏がらスープの素（顆粒）……小さじ½

●作り方
1. ごぼうは皮をこそげて大きめのささがきにし、水にさらす。しめじは根元を取って、ほぐす。にんにくはみじん切りにする。
2. フライパンにごま油を中火で熱し、1のにんにく、水けをきったごぼう、しめじを順に入れて炒め、Aを加えてふたをし、弱火で5分ほど煮る。

調味料使い回し　オイスターソース
牡蠣のエキスをベースに作られた中華ソース。野菜炒めやチャーハンにも。
➡P59 きゅうりと豚肉のオイスター炒め

ピリ辛
細長くむいたごぼうはパスタのよう
ごぼうのペペロンチーノ

⏱20分 / 冷蔵4日 / 冷凍1か月

●材料（4〜5人分）
- ごぼう……1本（200g）
- にんにく……½片
- アンチョビ……1切れ
- 赤唐辛子（輪切り）……½本分
- オリーブ油……大さじ½
- 塩、粗びき黒こしょう……各少々

●作り方
1. ごぼうは皮をこそげて10cm長さに切り、ピーラーを使って薄切りにして水にさらす。にんにくとアンチョビはみじん切りにする。
2. フライパンにオリーブ油と1のにんにく、赤唐辛子を入れて弱火にかけ、香りが立ったら水けをきった1のごぼうとアンチョビを加えて炒め合わせ、塩、粗びき黒こしょうで味を調える。

材料チェンジ
- ごぼう2本 ➡ ピーマン5個
- アンチョビ1切れ ➡ 塩辛20g

食材リスト ㉔

大根

葉に近い部分は辛みが少なく生食に、真ん中は甘みが強く煮物に、根に近い部分は汁の具や漬け物に向きます。

作りおきに使う分量

½本（400g）

チェック
切り口が白くスが入っていない

チェック
ひげ根の跡が少ない

冷蔵保存法

葉は湿らせた新聞紙で包んでポリ袋に入れ、白い部分はラップで包み冷蔵庫へ。

旬カレンダー 11〜2月

1月 2月 3月 4月 5月 6月 7月 8月 9月 10月 11月 12月

栄養

- ジアスターゼ⇒食物の消化を助ける。高い解毒作用もあり。
- アリル化合物⇒胃液の分泌を高める。

しょうゆ

薄味なのでアレンジもしやすい！

大根のおだし煮

⏰ 30分
冷蔵 3日
冷凍 1か月

●材料（4〜5人分）

大根	½本（400g）
A［だし汁	600mℓ
酒	75mℓ
しょうゆ	大さじ3
みりん、砂糖	各小さじ2

●作り方

1 大根は皮をむいて4等分の輪切りにし、十字に浅く切り込みを入れる。

2 鍋に1とAを入れて火にかけ、煮立ったら大根がやわらかくなるまで中火で煮る。

材料チェンジ

- 大根½本 ➡ かぶ2個
- みそ大さじ2をAといっしょに加える

3 材料別 野菜の作りおきおかず

大根

ピリ辛
赤唐辛子を入れてピリ辛に

大根のしょうゆ漬け

⏱10分 / 冷蔵5日 / 冷凍1か月

●材料（4～5人分）
大根…………½本（400g）
A ┃ だし汁、しょうゆ…各150㎖
　 ┃ 酒、みりん………各60㎖
　 ┃ 赤唐辛子（輪切り）…2本分

●作り方
1 大根は皮をむいて拍子木切りにする。
2 Aは合わせて一度沸騰させて冷ます。
3 2に1を加えてひと晩漬ける。

材料チェンジ
● 大根½本 ➡ きゅうり3本
● 昆布（せん切り）適量をAに加える

エスニック
先に大根に焼き色をつけるのがポイント

大根と豚バラの韓国風煮物

⏱25分 / 冷蔵4日 / 冷凍1か月

●材料（4～5人分）
大根………½本（400g）
豚バラ薄切り肉…150g
にんにく、しょうが
　………………各1片
ごま油………大さじ1⅓
A ┃ 水…………600㎖
　 ┃ 酒…………大さじ6
　 ┃ しょうゆ……大さじ4
　 ┃ 砂糖………大さじ3
　 ┃ コチュジャン
　 ┃ 　………大さじ2

●作り方
1 大根は皮をむいて小さめの乱切りにする。豚肉はひと口大に、にんにくは薄切り、しょうがはせん切りにする。
2 鍋にごま油と1のにんにく、しょうがを中火で熱し、香りが立ったら1の大根を加えて炒め、油が回ったらAを加える。煮立ったら弱火で10分ほど煮て、1の豚肉を加え、アクを取りながら5分ほど煮る。

保存の名人アドバイス
冷凍用保存袋に汁ごと入れて冷凍。水分の多い大根も加熱してあれば冷凍できる。

111

| 塩 | 酸っぱい |

仕上げに青のりをまぶして香りよく

大根の塩炒め

⏱15分　冷蔵3日　冷凍1か月

ロースハムと大根をサンドして

大根とハムのマリネ

⏱15分　冷蔵4日　冷凍1か月

●材料（4〜5人分）
大根……………………½本（400g）
サラダ油………………………大さじ2
和風だしの素（顆粒）……小さじ2
塩………………………………小さじ½
青のり…………………………大さじ2

●作り方
1 大根はせん切りにする。
2 フライパンにサラダ油を中火で熱し、**1**を入れて炒める。
3 しんなりとしてきたら、和風だしの素、塩を加え、最後に青のりをふり入れて混ぜる。

●材料（4〜5人分）
大根……………………½本（400g）
ロースハム…………………………8枚
A ┌ 白ワインビネガー……大さじ4
　├ オリーブ油……………大さじ3
　├ 砂糖……………………小さじ2
　├ 塩………………………小さじ½
　└ こしょう………………ふたつまみ

●作り方
1 大根は薄い半月切りにする。ロースハムは4等分に切る。
2 **A**を合わせて**1**を1時間以上漬ける。

材料チェンジ
● 大根½本 ➡ **かぶ3個**
● 青のり大さじ2 ➡ **ゆかり小さじ½**

あまったら冷凍！
ロースハム、2枚ずつラップで包み、冷凍保存袋に入れる。

3 材料別 野菜の作りおきおかず

大根

塩

バターたっぷりで大根にコクをだす

コンソメ大根

⏱15分 / 冷蔵3日 / 冷凍1か月

●材料（4〜5人分）
- 大根 ………………… ½本（400g）
- ベーコン ………………… 4枚
- バター ………………… 20g
- コンソメスープの素（顆粒）… 小さじ2
- 塩、こしょう ………… 各少々

●作り方
1. 大根は5mm幅の棒状に切る。ベーコンは短冊切りにする。
2. フライパンにバターを溶かし、1を中火で炒める。
3. 大根がしんなりとしてきたらコンソメスープの素をふり入れて混ぜ、塩、こしょうで味を調える。

材料チェンジ
- バター20g ➡ オリーブ油大さじ2
- ベーコン4枚 ➡ ウインナーソーセージ4本

酸っぱい

パスタやサンドイッチにもピッタリ

大根とかにかまのレモンサラダ

⏱15分 / 冷蔵3日 / 冷凍1か月

●材料（4〜5人分）
- 大根 ………………… ½本（400g）
- 塩 ………………… 小さじ⅓
- かに風味かまぼこ ………… 10本
- レモン（無農薬） ………… ½個
- A
  - オリーブ油 ………… 大さじ3
  - しょうゆ ………… 小さじ1
  - 塩 ………… 小さじ⅓
  - こしょう ………… 少々

●作り方
1. 大根はせん切りにし、塩をふってしんなりとさせる。かに風味かまぼこは手で裂く。
2. レモンは皮をよく洗っていちょう切りにする。
3. ボウルにAを入れて混ぜ、水けをしぼった1の大根とかに風味かまぼこ、2を加えてあえる。

材料チェンジ
- かに風味かまぼこ8本 ➡ ツナ缶1缶
- レーズン適量を最後に加える

食材リスト ㉕

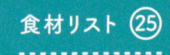

もやし

ひげ根を取ると、火の通りが均一になり食感がよくなります。足の早いもやしはゆでて冷凍保存もできます。

作りおきに使う分量

2袋（400g）

チェック：ひげ根が短い

チェック：白くて水っぽくない

冷蔵保存法

水にひたして保存容器に入れて冷蔵。水を入れ替えれば長持ちする。

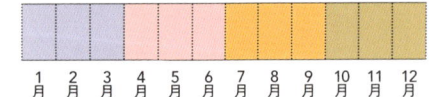

旬カレンダー 通年

1月 2月 3月 4月 5月 6月 7月 8月 9月 10月 11月 12月

栄養

- カリウム⇒体内の余分な塩分を排出する。
- アスパラギン酸⇒アミノ酸の一種で疲労回復効果がある。

しょうゆ

冷奴のトッピングにも最適

もやしのめんつゆ炒め煮

10分 / 冷蔵2日 / 冷凍1か月

●材料（4〜5人分）
- もやし……………… 2袋（400g）
- ごま油……………… 小さじ2
- A [水……………… 200mℓ
-    めんつゆ（2倍希釈）…… 100mℓ]

●作り方
1. フライパンにごま油を強火で熱し、もやしをさっと炒める。
2. Aを加えて1分ほど煮る。

保存の名人アドバイス

ふたつきのホーローなどに汁ごと入れて冷蔵。もやしがしなしなになるが冷凍保存もできる。

3 材料別 野菜の作りおきおかず

もやし

エスニック

韓国の定番常備菜は使い勝手バツグン

もやしのナムル

⏱ 10分 / 冷蔵 2日 / 冷凍 1か月

●材料（4〜5人分）
- もやし……2袋（400g）
- A
  - 白いりごま……大さじ2
  - ごま油……大さじ1⅓
  - 塩……小さじ⅓
  - 粗びき黒こしょう、ラー油……各少々
  - にんにく（すりおろし）……1片分

●作り方
1. もやしは熱湯でさっとゆでて水けをきる。
2. ボウルにAを入れて混ぜ、1を加えてあえる。

材料チェンジ
- もやし2袋 ➡ 玉ねぎ3個
- 長ねぎ（みじん切り）適量をAに加える

塩

じゃこたっぷりでごはんも進む

もやしのしっとりふりかけ

⏱ 10分 / 冷蔵 3日 / 冷凍 1か月

●材料（4〜5人分）
- もやし……2袋（400g）
- ちりめんじゃこ……大さじ4
- サラダ油……大さじ2
- かつお節……12g
- A
  - しょうゆ、酒……各90㎖
  - 砂糖……小さじ1
- 白、黒いりごま……各小さじ2
- 青のり……小さじ4

●作り方
1. もやしは細かく刻む。
2. フライパンにサラダ油を中火で熱し、1、ちりめんじゃこを炒める。
3. 全体にしんなりとしたらかつお節とAを加えて汁けがなくなるまで炒める。いりごまと青のりを加えて混ぜる。

保存の名人アドバイス

ラップで一食分ずつ小分けにして、冷凍用保存袋に入れて冷凍。そのまま室温解凍。

食材リスト ㉖

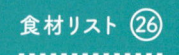

れんこん

空気に触れると変色しやすいため、切ったら水にさらして。酢と塩を入れた熱湯でゆでれば白さをキープできます。

作りおきに使う分量

1節（400g）

チェック 穴の中が白い

チェック 厚みと重みがある

冷蔵保存法

皮ごと新聞紙に包み、ポリ袋に入れ冷蔵庫へ。切ったら切り口にラップをして。

旬カレンダー 11～3月

1月	2月	3月	4月	5月	6月	7月	8月	9月	10月	11月	12月
■	■	■								■	■

栄養

- ムチン⇒胃の粘膜を保護する。
- ビタミンC⇒でんぷんが多く、加熱しても壊れにくい。

酸っぱい

さっぱりした飽きない味わい

れんこんのゆかりあえ

⏱ 10分
冷蔵 3日
冷凍 1か月

●材料（4～5人分）

れんこん	1節（400g）
ゆかり	小さじ2
A 酢	120㎖
砂糖	大さじ5

●作り方

1. れんこんは薄切りにする。大きい場合は半月やいちょうに切る。
2. 耐熱容器に1と混ぜ合わせたAを入れてラップをし、電子レンジ（600W）で2分30秒加熱する。
3. 2の粗熱がとれたらゆかりを加えてあえる。

材料チェンジ

- れんこん1節 ➡ キャベツ½個
- れんこん1節 ➡ かぶ（葉つき）2個

3 材料別 野菜の作りおきおかず

れんこん

塩
もちもち食感がたまらない
れんこんもち

⏲15分 / 冷蔵3日 / 冷凍1か月

●材料（4〜5人分）
- れんこん……………1節（400g）
- 片栗粉………………大さじ1
- 塩……………………小さじ⅓
- サラダ油……………大さじ2

●作り方
1. れんこんはおろし器ですりおろし、軽く水けをきって片栗粉、塩を加えて混ぜ、小さめの楕円に成形する。
2. フライパンにサラダ油を中火で熱し、1を揚げ焼きにする。

保存の名人アドバイス
冷凍用保存袋に入れて冷凍。ひとつひとつ重ならないように並べる。

酸っぱい
しゃきっとした歯ごたえを残して
れんこんと牛肉のバルサミコ炒め

⏲15分 / 冷蔵3日 / 冷凍1か月

●材料（4〜5人分）
- れんこん……………1節（400g）
- 牛切り落とし肉……150g
- オリーブ油…………大さじ2
- A
  - バルサミコ酢、しょうゆ、酒……各大さじ2
  - 砂糖…………………大さじ1

●作り方
1. れんこんは小さめの乱切りにし、水にさらす。牛切り落とし肉は食べやすく切る。
2. フライパンにオリーブ油を中火で熱し、1のれんこんをじっくりと焼く。
3. 焼き色がついてきたら、1の牛肉を加えて炒め、肉の色が変わったらAを加えて炒め合わせる。

材料チェンジ
- 牛切り落とし肉160g ➡ 鶏もも肉½枚
- スナップえんどう40gをゆでて最後に加える

食材リスト ㉗

さやいんげん

料理のつけ合わせに使われることが多いですが、旬のものは栄養価も高く、食べごたえがあります。

作りおきに使う分量

2袋（200g）

チェック
ピンとして鮮やかな緑

チェック
中の豆が大きくない

冷蔵保存法

ラップに包んで野菜室で冷蔵。

旬カレンダー　5～8月

1月	2月	3月	4月	5月	6月	7月	8月	9月	10月	11月	12月

栄養

- β-カロテン⇒抗酸化作用がある。
- アスパラギン酸⇒若いさやに豊富。美肌作りに効果も。

塩

冷やすとさらに味がしみておいしい

いんげんのくったり煮

⏱15分　冷蔵4日　冷凍1か月

●材料（4～5人分）
- さやいんげん……2袋（200g）
- オリーブ油……大さじ1
- A
  - 水……300㎖
  - コンソメスープの素（顆粒）……小さじ2
  - 塩、こしょう……各少々

●作り方
1. さやいんげんはヘタと筋を取る。
2. フライパンにオリーブ油を中火で熱し、1を炒め、油がまわったらAを加えてふたをし、7分ほど煮る。

材料チェンジ

- さやいんげん2袋 ➡ グリーンアスパラガス5本
- ツナ缶1缶をAといっしょに加える

3 材料別 野菜の作りおきおかず

さやいんげん

【しょうゆ】

⏱15分 | 冷蔵4日 | 冷凍1か月

お弁当に彩りが欲しいときにも大活躍

いんげんのごまあえ

●材料（4〜5人分）
さやいんげん……… 2袋（200g）
A ┌ 白すりごま………… 大さじ3
　│ しょうゆ…………… 大さじ1½
　│ 砂糖………………… 大さじ1
　└ 酒…………………… 小さじ2

●作り方
1 さやいんげんはヘタと筋を取り、3〜4cm長さに切り、塩適量（分量外）を入れた熱湯でさっとゆでる。
2 ボウルにAを入れて混ぜ、1を加えてあえる。

【エスニック】

⏱15分 | 冷蔵3日 | 冷凍1か月

タイの屋台にもありそうな定番レシピ

いんげんと鶏肉のエスニック炒め

●材料（4〜5人分）
さやいんげん
　………… 2袋（200g）
鶏もも肉……………… ½枚
にんにく……………… 1片
サラダ油……………… 大さじ1
A ┌ ナンプラー、酒
　│ ………… 各大さじ1
　└ 砂糖………… 大さじ½

●作り方
1 さやいんげんはヘタと筋を取り、3〜4cm長さに切る。にんにくはみじん切り、鶏もも肉はそぎ切りにする。
2 フライパンにサラダ油、1のにんにくを入れて弱火にかけ、香りが立ったら1の鶏肉を加えて炒める。
3 肉の色が変わったら、1のさやいんげんを加えてさっと炒め、Aを加えて炒め合わせる。

保存の名人アドバイス

冷凍用保存袋に入れて冷凍。小分けにしてラップをしてもいい。

食材リスト ㉘

じゃがいも

男爵、メイクイーン、インカのめざめ、キタアカリなど品種もさまざま。ビタミンが多く美容効果も期待されています。

作りおきに使う分量

4個（600g）

チェック：芽が出ていない

チェック：形がなめらか

冷蔵保存法

新聞紙に包み冷暗所へ。暖かいと芽が出やすいので冷蔵庫でもよい。

旬カレンダー 4〜10月

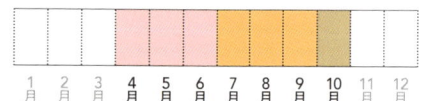

1月 2月 3月 4月 5月 6月 7月 8月 9月 10月 11月 12月

栄養

- ビタミンC⇒コラーゲンの生成を促す。加熱しても壊れにくい。
- カリウム⇒体内の余分な塩分を排出。

まろやか

じゃがいもと粉チーズがマッチ

チーズ粉ふきいも

⏱ 20分
冷蔵 3日
冷凍 1か月

●材料（4〜5人分）

じゃがいも……………4個（600g）
パセリ…………………1枝
A ┌ 粉チーズ……………大さじ4
　├ 塩……………………小さじ1/4
　└ 粗びき黒こしょう…少々

●作り方

1. じゃがいもは皮をむき、ひと口大に切る。鍋にひたひたの水と入れてゆでる。
2. ゆであがったら、ゆで汁を捨てて再び火にかけ、じゃがいもを転がすように鍋をふって粉ふきいもにする。
3. 2にAを加えて混ぜ合わせる。

調理の早ワザ

じゃがいもの芽取り

割り箸の先端でこするようにして落とすとカンタン。スプーンの柄の先端を使ってもよい。

3 材料別 野菜の作りおきおかず

じゃがいも

じゃがバタうま煮

しょうゆ

甘辛の止まらないおいしさ

⏱20分 / 冷蔵3日 / 冷凍1か月

●材料（4〜5人分）
じゃがいも……………4個（600g）
A ┌ だし汁……………………250㎖
　│ 酒………………………大さじ4
　│ しょうゆ……………大さじ2½
　│ 砂糖……………………大さじ2
　└ みりん…………………大さじ1
バター………………………………15g

●作り方
1 じゃがいもは皮をむき、大きめのひと口大に切る。
2 鍋に1とAを入れて煮立たせ、弱火にして煮る。煮汁が少なくなってきたらバターを加え、全体にからめて煮含める。

材料チェンジ
● じゃがいも4個 ➡ さつまいも1本
● 粉チーズ適量を最後に加える

じゃがいもの炒めなます

酸っぱい

炒めたじゃがいもをお酢でさっぱりと

⏱15分 / 冷蔵3日 / 冷凍1か月

●材料（4〜5人分）
じゃがいも……4個（600g）
長ねぎ……………………1本
サラダ油……………大さじ1
塩、こしょう………各少々
A ┌ 酢…………………大さじ4
　│ 砂糖………………小さじ4
　└ 塩…………………………少々
白いりごま…………………適量

●作り方
1 じゃがいもは皮をむき、せん切りにして水にさらす。長ねぎも5〜6cm長さのせん切りにする。
2 フライパンにサラダ油を中火で熱し、1を炒め、軽く塩、こしょうをふる。
3 じゃがいもがしんなりとしてきたら、Aをまわし入れて炒め合わせ、白いりごまをふる。

材料チェンジ
● 長ねぎ1本 ➡ 玉ねぎ1個
● 柚子こしょう少々をAに加える

塩

甘くないもちもち食感

じゃがいもパンケーキ

⏱ 20分 / 冷蔵 3日 / 冷凍 1か月

●材料（4〜5人分）
- じゃがいも　4個（600g）
- バター　40g
- サラダ油　適量
- トマトケチャップなど　適量

A
- 薄力粉　200g
- 卵　1個
- 砂糖　大さじ1½
- 塩　小さじ¼
- 牛乳　50〜80㎖
※じゃがいもの水分により調整

●作り方

1. じゃがいもは皮をむき、すりおろす。バターは耐熱容器に入れて電子レンジ（600W）で50秒加熱して溶かす。
2. ボウルにAと1を入れてよく混ぜる。
3. フライパンにサラダ油を弱火で熱し、2をスプーン等で少しずつ流し入れ、直径8〜9cmの円状に広げて両面を焼く。好みでトマトケチャップや粒マスタードをつけて食べる。

保存の名人アドバイス

1枚ずつラップに包み、冷凍用保存袋に入れて冷凍。常温で解凍して、オーブントースターで焼くとおいしい。

まろやか

粉チーズをプラスしてまろやかに

カルボナーラポテサラ

⏱ 20分 / 冷蔵 3日 / 冷凍 1か月

●材料（4〜5人分）
- じゃがいも　4個（600g）
- ゆで卵　2個
- ベーコン　2枚

A
- マヨネーズ　大さじ5
- 粉チーズ　大さじ2
- 塩　小さじ¼
- 粗びき黒こしょう　少々

●作り方

1. じゃがいもは皮をむき、ひと口大に切る。鍋にじゃがいもとひたひたの水を入れてゆでる。
2. 1がゆであがったら、ゆで汁を捨てて再び火にかけ、鍋をふって粉ふきいもを作る。
3. ゆで卵は粗く刻む。ベーコンは短冊に切り、電子レンジ（600W）で20〜30秒加熱する。
4. ボウルにAを入れて混ぜ、2、3を加えてあえる。

材料チェンジ

- ゆで卵2個 ➡ グリーンピース水煮1缶
- スイートコーン缶30gを作り方4で加える

3 材料別 野菜の作りおきおかず

じゃがいも

塩

⏰ 20分 / 冷蔵 3日 / 冷凍 1か月

ボリューム満点の人気おかず

ジャーマンポテト

●材料（4〜5人分）
- じゃがいも……4個（600g）
- 玉ねぎ……1/3個
- ウインナーソーセージ……1袋（6〜7本）
- オリーブ油……大さじ1
- A
  - 粒マスタード……大さじ1
  - 塩……小さじ1/4
  - 粗びき黒こしょう……少々
  - パセリ（みじん切り）……1枝分

●作り方
1. じゃがいもはよく洗い、皮ごとくし形切りにする。玉ねぎは薄切り、ソーセージは斜め半分に切る。
2. 1のじゃがいもは水にくぐらせ、ふんわりとラップをかけて電子レンジ（600W）で3分加熱する。
3. フライパンにオリーブ油を強火で熱し、2を焼き色がつくまで焼き、残りの1を加えて炒め、Aを加えて炒め合わせる。

材料チェンジ
- ウインナーソーセージ1袋 ➡ **ベーコン200g**
- **カレー粉小さじ2**をAといっしょに加える

塩

⏰ 20分 / 冷蔵 3日 / 冷凍 3週間

チーズをのせて焼けばグラタン風に

じゃがいもとえびのハーブ炒め

●材料（4〜5人分）
- じゃがいも……4個（600g）
- 無頭えび（小）……10尾
- にんにく……1片
- バジル（乾燥）……小さじ1 1/2
- 塩……小さじ1/4
- こしょう……少々
- オリーブ油……大さじ1

●作り方
1. じゃがいもは皮をむき、7mm厚さの半月切りにする。えびは殻をむいて背わたを取り、厚さを半分に切る。にんにくは輪切りにして芽を取る。
2. フライパンにオリーブ油、1のにんにくを入れて弱火にかけ、香りが立ったら1のじゃがいもを加えて焼く。
3. 2のじゃがいもに焼き色がついてきたら、1のえびを加えて炒め、ドライバジルと塩、こしょうをふって炒め合わせる。

材料チェンジ
- 無頭えび（小）10尾 ➡ **ゆでだこ100g**
- **ドライトマト1個分**を刻んで最後に加える

食材リスト ㉙

里いも

ねっとりとした食感の秋の味覚です。皮をむき食べやすく切り、ゆでて冷凍しておくと煮物などに重宝します。

作りおきに使う分量

6個（400g）

チェック：しま模様が等間隔

チェック：茶色くてひび割れがない

冷蔵保存法

泥つきのまま新聞紙に包み、冷暗所へ。暖かい時期は冷蔵庫へ。

旬カレンダー

9〜11月

1月	2月	3月	4月	5月	6月	7月	8月	9月	10月	11月	12月
								●	●	●	

栄養

- ムチン⇒たんぱく質の消化、吸収を高め、胃腸の働きを活性化。
- ガラクタン⇒生活習慣病の予防に。

しょうゆ

しっかり味をしみ込ませた煮物の定番

里いもの煮っころがし

⏱ 30分　冷蔵 4日　冷凍 3週間

● 材料（4〜5人分）

里いも……6個（400g）
だし汁……250mℓ

A｜酒……大さじ3
　｜砂糖……大さじ2
　｜みりん……大さじ1

しょうゆ……大さじ2½
サラダ油……小さじ2

● 作り方

1. 里いもは皮をむいて半分に切る。塩適量（分量外）をふってもみ、ぬめりを洗う。
2. 鍋に1とたっぷりの水を入れて煮立たせ、5分下ゆでする。お湯を捨てて流水でぬめりを洗い、水けをきる。
3. 鍋にだし汁、2を入れて火にかけ、煮立ったら5分煮て、Aを加えてさらに5分煮る。しょうゆとサラダ油を加え、煮汁がなくなるまで煮からめる。

調理の早ワザ

里いもの皮むき　皮つきのまま3分ほどゆでると、手でつるっと皮がむける。

3 材料別 野菜の作りおきおかず

里いも

まろやか
柚子こしょうをピリッとアクセントに

里いもの
クリームチーズあえ

⏱15分 / 冷蔵3日 / 冷凍1か月

●材料（4〜5人分）
- 里いも……6個（400g）
- クリームチーズ……100g
- かつお節……6g
- 万能ねぎ（小口切り）……2本分

A
- しょうゆ……小さじ1
- 柚子こしょう……少々
- 和風だしの素（顆粒）……小さじ½

●作り方
1. 里いもは皮をむいてひと口大に切る。塩少々（分量外）でもみ、流水でぬめりを洗う。クリームチーズは1cm角に切る。
2. 1の里いもの水けをきり、耐熱皿に並べてラップをして電子レンジ（600W）で4〜5分加熱する。
3. 2にAを加えて混ぜ、1のクリームチーズ、かつお節、万能ねぎを加えてさっと混ぜ合わせる。

材料チェンジ
- 里いも6個 ➡ **じゃがいも4個**
- 柚子こしょう少々 ➡ **明太子½腹**

みそ
焼いた里いものほくほく感を楽しむ

里いもと鶏肉の
ごまみそ炒め

⏱20分 / 冷蔵3日 / 冷凍1か月

●材料（4〜5人分）
- 里いも……6個（400g）
- 鶏もも肉……100g
- サラダ油……小さじ2
- ごま油……小さじ1

A
- 白練りごま……大さじ2
- 酒……大さじ1½
- しょうゆ、みそ、砂糖、みりん……各小さじ2

●作り方
1. 里いもは皮をむいて7mm厚さの輪切りにする。塩少々（分量外）でもみ、流水でぬめりを洗う。鶏もも肉は小さめのひと口大に切る。
2. フライパンにサラダ油を中火で熱し、1の里いもを炒めて両面に焼き色がついたら、1の鶏肉も加えて炒める。
3. 鶏肉の色が変わったら、Aを加えて炒め合わせ、ごま油をまわしかけて混ぜる。

あまったら冷凍！
切って酒をまぶして冷凍用保存袋に入れる。

食材リスト ㉚

長いも

生のまま食べるとみずみずしく、独特の粘りが特徴です。加熱すると粘りが減り、ホクホクの食感に変化します。

作りおきに使う分量

1本（400g）

チェック
表面がきれい

チェック
切り口がみずみずしい

冷蔵保存法

新聞紙に包み冷暗所へ。切ったら切り口をラップで包み冷蔵庫へ。

旬カレンダー 10〜3月

1月 2月 3月 4月 5月 6月 7月 8月 9月 10月 11月 12月

栄養

- ムチン⇒胃などの粘膜を保護。
- アミラーゼ⇒炭水化物分解酵素。胃の消化を助ける。

しょうゆ

シャキシャキした食感を楽しめる

長いものしょうゆ漬け

⏰40分
冷蔵 5日
冷凍 1か月

●材料（4〜5人分）
- 長いも ………… 1本（400g）
- A［しょうゆ、酒 ……… 各50㎖
　　みりん ……………… 大さじ2］
- 赤唐辛子（輪切り）………… 少々
- にんにく ………………………… 1片

●作り方
1. 長いもは皮をむき、5cm長さの棒状に切る。にんにくは薄切りにする。
2. 小鍋にAを煮立たせて火を止め、粗熱がとれたら1を入れ、30分以上漬ける。

保存の名人アドバイス

漬け汁ごとふたつきのホーローなどに入れて冷蔵。味がしっかりしみる。

3 材料別 野菜の作りおきおかず

長いも

しょうゆ
和風ステーキソースでホクホク感を堪能

長いものガーリックステーキ

⏱ 15分　冷蔵 3日　冷凍 1か月

●材料（4〜5人分）
- 長いも……1本（400g）
- にんにく……2片
- バター……20g
- しょうゆ……大さじ1
- パセリ（みじん切り）……少々

●作り方
1. 長いもはよく洗い、皮ごと1.5cm厚さの輪切りにする。にんにくは輪切りにする。
2. フライパンにバター、1のにんにくを入れて弱火にかけ、1の長いもを入れて両面がカリッとして焼き目がつくまでじっくり焼く。にんにくが焦げやすいので注意する。
3. 火を止めてしょうゆをまわし入れ、長いもにからめる。好みでパセリを散らす。

材料チェンジ
- 長いも400g ➡ 木綿豆腐1丁
- バター20g ➡ ごま油大さじ1

塩
サッパリとした肉じゃが風煮物

長いもと豚肉の塩煮

⏱ 20分　冷蔵 3日　冷凍 3週間

●材料（4〜5人分）
- 長いも……1本（400g）
- 豚バラ薄切り肉……100g
- 玉ねぎ……¼個
- にんにく……1片
- ごま油……小さじ2
- A
  - 水……250㎖
  - 酒……50㎖
  - 鶏がらスープの素（顆粒）……小さじ1
- 塩、こしょう……各適量
- 万能ねぎ（みじん切り）……2本分

●作り方
1. 長いもは皮をむいて乱切りに、玉ねぎはくし形に、にんにくは薄切りにする。豚バラ薄切り肉は長さを4等分にする。
2. 鍋にごま油と1のにんにくを入れて火にかけ、香りが立ったら1の豚肉を入れて中火で炒める。肉の色が変わったら、1の長いもと玉ねぎを加える。
3. 全体に油がまわったら、Aを加え、落としぶたをして弱火で20分ほど煮て、塩、こしょうで味を調え、万能ねぎを散らす。

食材リスト ㉛

さつまいも

主成分はでんぷんですが、米や小麦に比べてカロリーが低いです。皮つきのまま調理もできます。

作りおきに使う分量

1本（300g）

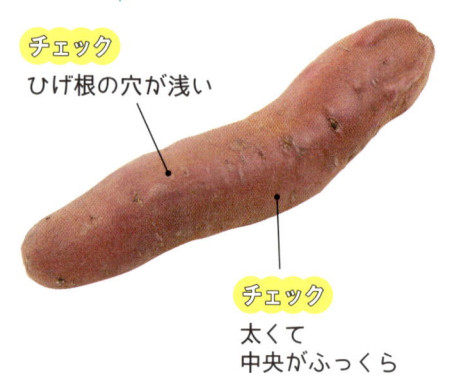

チェック
ひげ根の穴が浅い

チェック
太くて中央がふっくら

冷蔵保存法

丸ごと新聞紙に包み冷暗所へ。切ったらラップで包んで冷蔵庫へ。

旬カレンダー 10〜12月

1月	2月	3月	4月	5月	6月	7月	8月	9月	10月	11月	12月
									■	■	■

栄養

● ヤラピン⇒胃の粘膜を保護したり、腸のぜん動運動を促進。
● ビタミンC⇒常食すれば美肌効果。

甘い

レモンの酸味が甘さを引き立てる

さつまいものはちみつレモン煮

25分 / 冷蔵4日 / 冷凍1か月

●材料（4〜5人分）

さつまいも… 1本（300g）
水………… 300mℓ
酒………… 大さじ3
A｛ 砂糖、はちみつ … 大さじ2
　　酒 … 大さじ1½ ｝
レモン汁………… ½個分
レモン（輪切り）… 4枚
塩………………… 少々

●作り方

1 さつまいもは洗って皮つきのまま1〜1.5cm厚さの輪切りにし、さっと塩水にさらす。
2 フライパンに水けをきった1と水、酒を入れて煮立たせ、5分ほど煮る。
3 2にAを加えてさらに5分煮て、レモン汁とレモン、塩を加えて10分ほど煮る。

材料チェンジ

● さつまいも1本 ➡ **セロリ2本**
● レモンを**オレンジ**に変えて

3 材料別 野菜の作りおきおかず

さつまいも

甘い ⏰20分 冷蔵4日 冷凍1か月

さつまいもの甘さを堪能するなら

大学いも

●材料（4〜5人分）
- さつまいも……1本（300g）
- A ┃ 砂糖……大さじ4
    ┃ みりん、しょうゆ……各小さじ1
- 揚げ油……適量
- 黒いりごま……少々

●作り方

1 さつまいもは洗って皮つきのまま乱切りにし、さっと塩水にさらす。

2 さつまいもの水けをしっかりとふき取り、160℃の油で5分ほど揚げる。

3 鍋にAを入れて煮立たせ、砂糖が溶けたら2を入れてからめ、オーブンシートなどを敷いたバットに取り出し、熱いうちに黒いりごまをふる。

保存の名人アドバイス

冷凍用保存袋に入れて冷凍。半解凍してから食べるとカリカリでおいしい。

エスニック ⏰20分 冷蔵3日 冷凍1か月

ピリ辛味のさつまいもはごはんにも◎

さつまいもの コチュジャン炒め

●材料（4〜5人分）
- さつまいも 1本（300g）
- 豚バラ薄切り肉 50g
- サラダ油 大さじ1
- A ┃ コチュジャン、酒……大さじ2
    ┃ みりん……大さじ1½
    ┃ みそ……小さじ1
    ┃ にんにく（すりおろし）……1片分

●作り方

1 さつまいもは洗って皮つきのまま半月切りにし、さっと塩水にさらす。豚バラ薄切り肉はひと口大に切る。

2 さつまいもの水けをきって電子レンジ（600W）で2分加熱する。

3 フライパンにサラダ油を中火で熱し、2の両面を焼き、1の豚肉を加えてさらに炒め、合わせたAを加えて炒め合わせる。

材料チェンジ

- 豚バラ薄切り肉50g ➡ **鶏もも肉100g**
- **白いりごま大さじ1**を最後に加える

食材リスト ㉜

きのこ

食物繊維たっぷりのきのこ類。しめじ、えのきだけ、しいたけ、エリンギなど種類も豊富です。

作りおきに使う分量

2〜3パック（200〜300g）

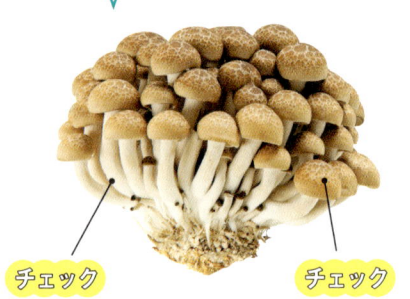

チェック 軸にハリがある
チェック かさが肉厚
※写真はしめじ1パック

冷蔵保存法

ペーパータオルを敷いたふたつきの密閉容器に入れて冷蔵庫へ。

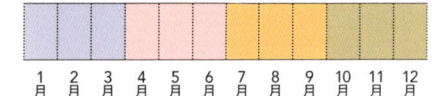

旬カレンダー 通年

| 1月 | 2月 | 3月 | 4月 | 5月 | 6月 | 7月 | 8月 | 9月 | 10月 | 11月 | 12月 |

栄養

- **食物繊維**⇒腸内の有害物質を体外へ排出させる。
- **リジン**⇒たんぱく質の吸収を促進。

酸っぱい

きのこの種類はお好みで変えてOK

きのこの和風マリネ

⏰ 10分　冷蔵 3日　冷凍 3週間

●材料（4〜5人分）

しめじ	1パック
えのきだけ	1パック
しょうが	1片
A　だし汁	60ml
酢	大さじ3
砂糖	大さじ1½
しょうゆ	小さじ2

●作り方

1. しめじとえのきだけは根元を取ってほぐす。しょうがはせん切りにする。Aは鍋で沸騰させて冷ます。
2. 1のきのこは耐熱皿に広げ、電子レンジ（600W）で2分加熱する。
3. 2の水けをきり、1のしょうがとともにAにひと晩漬ける。

保存の名人アドバイス

冷凍用保存袋に入れて冷凍。マリネ液ごと凍らせれば解凍してもしっとり感が続く。

3 材料別 野菜の作りおきおかず

きのこ

中華
小麦粉を加えてとろっと仕上げる
きのこの麻婆風
⏰15分 / 冷蔵3日 / 冷凍1か月

●材料（4〜5人分）
- しめじ……………………………… 1パック
- しいたけ…………………………… 1パック
- まいたけ…………………………… 1パック
- にんにく、しょうが（みじん切り）… 各1片分
- 豚ひき肉…………………………… 50g
- サラダ油…………………………… 大さじ1
- 豆板醤……………………………… 小さじ1
- 小麦粉……………………………… 大さじ1
- A
  - 水……………………………… 100mℓ
  - みそ…………………………… 大さじ1
  - 砂糖、しょうゆ…………… 各小さじ2
  - 鶏がらスープの素（顆粒）…… 小さじ½

●作り方
1. しいたけは石づきを取って4等分に切る。しめじとまいたけは根元を落としてほぐす。
2. フライパンにサラダ油を中火で熱し、にんにく、しょうがを炒め、香りが立ったら豆板醤と豚ひき肉を炒め、肉の色が変わったら1を加えて炒める。
3. 2のきのこがしんなりとしてきたら小麦粉をふり入れて炒め、Aを加えてとろみがつくまで炒める。

塩
スペイン料理をきのこで簡単に
きのこのアヒージョ
⏰15分 / 冷蔵3日 / 冷凍1か月

●材料（4〜5人分）
- マッシュルーム… 1パック
- エリンギ………… 1パック
- しいたけ………… 1パック
- にんにく………… 2片
- 赤唐辛子………… 1本
- オリーブ油……… 250mℓ
- 塩………………… 小さじ¼

●作り方
1. しいたけは石づきを切って4等分に切る。マッシュルームは半分に切り、エリンギは半分の長さに切り、縦4等分に切る。
2. 赤唐辛子は種を取り、にんにくは包丁でつぶす。
3. 鍋にすべての材料を入れ、ふつふつとしてからさらに5分ほど煮る。

材料チェンジ
- 赤唐辛子1本 ➡ **粗びき黒こしょう大さじ½**
- 作り方3で1cm幅に切った**ベーコン3枚**を加える

エスニック

カレー粉＆ナンプラーでコクうまおかず

きのこのエスニック炒め

⏱15分 / 冷蔵3日 / 冷凍1か月

●材料（4〜5人分）

- しめじ ………… 1パック
- しいたけ ……… 1パック
- えのきだけ …… 1パック
- にんにく ……… 1片
- サラダ油 ……… 大さじ1

A
- ナンプラー …… 大さじ1½
- 砂糖 …………… 大さじ1
- カレー粉 ……… 小さじ2

●作り方

1. しいたけは軸を切り落として薄切りに、しめじとえのきだけは根元を落としてほぐす。にんにくはみじん切りにする。
2. フライパンにサラダ油、1のにんにくを入れて火にかけ、香りが立ったら、1のきのこを中火で炒め、しんなりとしてきたら、Aを加えて炒め合わせる。

材料チェンジ

- きのこ類 ➡ **レタス1個、ピーマン5個**
- **溶き卵1個分**を最後に加えて炒める

しょうゆ

和風ベースで煮る飽きのこない味

きのこのおかか煮

⏱15分 / 冷蔵3日 / 冷凍1か月

●材料（4〜5人分）

- しめじ ………… 1パック
- しいたけ ……… 1パック
- まいたけ ……… 1パック

A
- だし汁 ………… 300㎖
- 酒、しょうゆ … 各大さじ3
- みりん ………… 大さじ2
- かつお節 ……… 6g

●作り方

1. しいたけは軸を切り落として薄切りに、しめじとまいたけは根元を落としてほぐす。
2. 鍋にAを煮立たせ、1を加えて10分ほど煮る。

材料チェンジ

- **しょうが（せん切り）1片分**をAに加える
- きのこ類 ➡ **キャベツ½個**

3 材料別 野菜の作りおきおかず きのこ

酸っぱい
⏱15分 / 冷蔵3日 / 冷凍1か月

パンにのせたりパスタの具にも◎

ケチャップきのこ

●材料（4〜5人分）

マッシュルーム……1パック	A［トマトケチャップ……大さじ3 / ウスターソース……小さじ1½］
エリンギ……1パック	
えのきだけ……1パック	
ベーコン……2枚	バター……10g
サラダ油……大さじ1	粉チーズ……適量
塩……少々	

●作り方

1. マッシュルームとエリンギは5mm幅の薄切りにする。えのきだけは根元を落としてほぐす。ベーコンは1cm幅に切る。
2. フライパンにサラダ油を中火で熱し、1を炒めて塩をふり、しんなりしたらAを加えて炒める。
3. 2にバターを加えて混ぜる。好みで粉チーズを加えてひと混ぜする。

調味料使い回し　トマトケチャップ
うまみ成分のグルタミン酸がたっぷり。炒め物の隠し味にも。
➡P29 パプリカとにんじんのサラダ

塩
⏱15分 / 冷蔵3日 / 冷凍1か月

パンやゆで卵、グリルした魚に塗って

きのこのタプナード

●材料（4〜5人分）

しめじ……1パック	アンチョビ……4枚
しいたけ……1パック	オリーブ油……大さじ1
エリンギ……1パック	A［塩、粗びき黒こしょう……各少々］
玉ねぎ……¼個	
にんにく……1片	

●作り方

1. しめじは根元を落としてほぐす。しいたけは石づきを切って薄切りにする。エリンギは半分の長さに切って手で裂く。玉ねぎは薄切りにする。
2. にんにく、アンチョビはみじん切りにする。
3. フライパンにオリーブ油、2を入れて弱火で炒め、香りが立ったら1の玉ねぎを透き通るまで炒め、1のきのこを加えてしんなりしたらAで調味する。
4. 3をフードプロセッサーにかける。

保存の名人アドバイス
薄切りフランスパンに塗り、ラップに包んで冷凍用保存袋に入れて冷凍。トーストして食べる。

食材リスト ㉝

ひじき

ひじきは海藻の1種で、ほとんどが日本産です。もどしておくと、調理時間が短縮できて便利です。

作りおきに使う分量

乾燥1袋（20g）

チェック　ひじきの種類

芽ひじきはひじきの葉の部分で口当たりがよく、長ひじきはひじきの茎の部分で歯ごたえがある。ボリュームが欲しいときは長ひじきを切って使うとよい。

保存法

乾燥のまま常温で密閉して保存。もどしたらラップに包んで冷凍。

旬カレンダー　通年

1月 2月 3月 4月 5月 6月 7月 8月 9月 10月 11月 12月

栄養

- カルシウム⇒牛乳の12倍。骨を強くする。骨粗鬆症の予防に。
- ビタミンA⇒皮膚を健康に保つ。

しょうゆ

赤と緑の野菜を加えて華やかに

ひじき煮

15分　冷蔵4日　冷凍1か月

●材料（4～5人分）

芽ひじき（乾燥） ……… 1袋（20g）
赤ピーマン ……… 1個
さやえんどう ……… 8枚
サラダ油 ……… 大さじ1

A{ だし汁 ……… 100㎖
　　砂糖 ……… 大さじ2
　　しょうゆ ……… 大さじ1½
　　酒 ……… 大さじ1

●作り方

1. ひじきはたっぷりの水に10分ほど浸けてもどし、水けをきる。赤ピーマンは種を取り、細切りにする。
2. さやえんどうは塩適量（分量外）を入れた熱湯でさっとゆで、斜め細切りにする。
3. 鍋にサラダ油を中火で熱し、1を炒める。
4. 全体に油がまわったら、Aを入れて煮汁がほとんどなくなるまで煮て、2を加えてひと混ぜする。

調理の早ワザ

ひじきをもどす

時間がないときは、ひじきと水を耐熱ボウルに入れて、電子レンジで加熱してもどすこともできる。

3 材料別 野菜の作りおきおかず

ひじき

ひじきの梅あえ

酸っぱい
梅干しであえたサラダっぽい一品
⏰20分 / 冷蔵4日 / 冷凍1か月

●材料（4〜5人分）
芽ひじき（乾燥）……… 1袋（20g）
れんこん ……… 50g
長ねぎ ……… ⅙本
しょうゆ ……… 小さじ2
A｜梅干し ……… 2個
　｜酢 ……… 大さじ1½
　｜砂糖 ……… 大さじ1
　｜しょうゆ ……… 小さじ1½
　｜みりん ……… 小さじ1

●作り方
1 ひじきはたっぷりの水に10分ほど浸けてもどし、水けをきる。れんこんは薄い半月切りにして水にさらす。長ねぎはみじん切りにする。
2 梅干しは種を取って包丁でたたいてボウルに入れ、残りのA、1の長ねぎを加えて混ぜる。
3 1のひじきとれんこんはさっとゆでてザルにあげ、しょうゆをまわしかけ、2に加えてあえる。

材料チェンジ
● 砂糖大さじ1 ➡ はちみつ大さじ1
● れんこん50g ➡ かぶ1個

ひじきのしょうがつくだ煮

しょうゆ
しょうがたっぷり、ごはんに混ぜても◎
⏰20分 / 冷蔵5日 / 冷凍1か月

●材料（4〜5人分）
芽ひじき（乾燥）……… 1袋（20g）
しょうが ……… 1片
A｜しょうゆ ……… 60mℓ
　｜砂糖 ……… 50g
　｜酢 ……… 大さじ2

●作り方
1 ひじきはたっぷりの水に10分ほど浸けてもどし、水けをきる。しょうがは皮をむいてせん切りにする。
2 鍋にA、1のしょうがを入れて中火にかけ、砂糖が溶けたら1のひじきを加えて、汁けがほとんどなくなるまで煮る。

材料チェンジ
● 白いりごま大さじ2 ➡ 粉山椒小さじ1
● 糸こんにゃく100gを切って作り方2で加える

135

食材リスト ㉞

切り干し大根

さっともどして使えるので便利。もどし汁はよい味がしみ出ており、だし汁に活用できます。

作りおきに使う分量

乾燥1袋（30g）

チェック 切り干し大根の種類

一般的な切り干し大根は、大根をせん切りにして乾燥させたもの。食感が欲しければ、大根を縦割りにして乾燥させた花切り大根や割り干し大根を。

冷蔵保存法

水でもどしてゆで、水けをしぼり、ラップで小分けにして冷凍用保存袋に。

旬カレンダー　通年

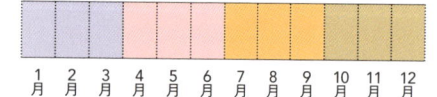

| 1月 | 2月 | 3月 | 4月 | 5月 | 6月 | 7月 | 8月 | 9月 | 10月 | 11月 | 12月 |

栄養

- カルシウム⇒骨や歯を丈夫にする。
- 鉄分⇒生の大根の約32倍。悪性貧血の予防にも。

しょうゆ

味のしみ込んだ切り干し大根が絶妙

じゃこ入り切り干し大根の煮物

⏱ 20分
冷蔵 4日
冷凍 1か月

●材料（4〜5人分）

切り干し大根 …………… 1袋（30g）
にんじん …………… ¼本
ちりめんじゃこ … 大さじ3
ごま油 …………… 大さじ1

A｛
だし汁 ……… 250㎖
しょうゆ、酒
　……… 各大さじ1
砂糖 ……… 大さじ½
｝

●作り方

1 切り干し大根はたっぷりの水でもどしてさっと洗い、水けをしぼってざく切りにする。にんじんはせん切りにする。

2 鍋にごま油を中火で熱し、ちりめんじゃこと1を炒め、全体に油がまわったらAを加え、煮汁がほとんどなくなるまで煮る。

保存の名人アドバイス

冷凍用保存袋に入れて冷凍。煮汁もいっしょに冷凍すると解凍してもしっとり感が続く。

切り干し大根のはりはり

酸っぱい / 赤唐辛子がアクセント

⏱ 10分 / 冷蔵 5日 / 冷凍 1か月

●材料（4〜5人分）
- 切り干し大根 …………… 1袋（30g）
- A
  - 酢 ………………………… 大さじ3
  - めんつゆ（2倍濃縮）、水 … 各大さじ2
  - 赤唐辛子（輪切り）………… 1本分
  - しょうゆ …………………… 少々

●作り方
1. 切り干し大根は水でもどして洗い、水けをしぼってざく切りにする。
2. ボウルにAを入れて混ぜ、1を加えてあえ、ひと晩漬ける。

材料チェンジ
- **しょうが（せん切り）1片分**を最後に加える
- めんつゆ大さじ2 ➡ **塩麹大さじ3**

切り干し大根とさばのごま酢

酸っぱい / さばとあえれば主菜に変身

⏱ 20分 / 冷蔵 3日 / 冷凍 3週間

●材料（4〜5人分）
- 切り干し大根 …………… 1袋（30g）
- さば（切り身）………… 100g
- 塩 ……………………… 少々
- 小麦粉 ………………… 大さじ2
- サラダ油 ……………… 大さじ1
- A
  - だし汁 ………… 大さじ4
  - 酢 ……………… 大さじ3
  - 砂糖 …………… 大さじ1
  - しょうゆ、白練りごま … 各小さじ2
- 白すりごま …………… 大さじ1

●作り方
1. 切り干し大根は水でもどして洗い、水けをしぼってざく切りにする。さばは1cm幅に切って塩をふり、小麦粉をまぶしつける。
2. フライパンにサラダ油を中火で熱し、1のさばを両面こんがりと焼く。
3. ボウルにAを入れて混ぜ、1の切り干し大根、2、白すりごまを加えてあえ、10分ほどおく。

材料チェンジ
- **パプリカ¼個分**をせん切りにして作り方3で加える
- さば（切り身）100g ➡ **ツナ缶100g**

3 材料別 野菜の作りおきおかず ／ 切り干し大根

食材リスト ㉟

大豆（水煮）

冷凍しても味が落ちないので保存向き。和風煮物以外にもさまざまな料理に活用できます。

作りおきに使う分量

1缶（200g）

チェック ゆで豆の種類

ゆで豆は大豆の他、ひよこ豆、いんげん豆、えんどう豆、金時豆などが市販されている。豆の大きさが同じくらいであれば、どの豆でも同様に作れる。

冷蔵保存法

冷凍用保存袋に入れて空気を抜きながら密封する。

旬カレンダー 通年

1月 2月 3月 4月 5月 6月 7月 8月 9月 10月 11月 12月

栄養
- 銅⇒骨髄でヘモグロビンを作るときに鉄の利用を助ける。
- タンパク質⇒コレステロールが少ない。

酸っぱい

トマト缶を使ったヘルシーレシピ

大豆と鶏肉のトマト煮

⏱30分　冷蔵3日　冷凍1か月

●材料（4〜5人分）

大豆（水煮）	1缶（200g）
鶏もも肉	100g
玉ねぎ	1/4個
にんにく	1片
オリーブ油	大さじ1
A　カットトマト缶	1缶（400g）
コンソメスープの素（顆粒）	小さじ2
ウスターソース	小さじ1
塩、こしょう	少々

●作り方

1. 玉ねぎとにんにくはみじん切りにする。鶏もも肉は小さめのひと口大に切り、塩、こしょうをふる。
2. 鍋にオリーブ油を中火で熱し、**1**のにんにくと鶏肉を炒め、鶏肉に焼き色がついたら**1**の玉ねぎを加え、透き通ったら大豆を加えて炒め合わせる。
3. **2**に**A**を加えてふたをして10分ほど煮て、ウスターソースを加えて混ぜ、塩、こしょうで味を調える。

3 材料別 野菜の作りおきおかず

大豆（水煮）

まろやか
ヨーグルト入りでまろやかさアップ
カレー風味の大豆サラダ

⏱10分　冷蔵3日　冷凍1か月

●材料（4〜5人分）
大豆（水煮）………… 1缶（200g）
A ┌ プレーンヨーグルト……… 80g
　│ マヨネーズ………… 大さじ2
　│ カレー粉………… 小さじ½
　│ にんにく（すりおろし）… ½片分
　└ 塩、粗びき黒こしょう … 少々
パセリ（みじん切り）………… 1枝分

●作り方
1 Aのプレーンヨーグルトはキッチンペーパーをしいたザルなどで、3〜4時間ほど水けをきる。
2 ボウルにAを入れて混ぜ、大豆を加えてあえ、好みでパセリをふる。

調味料使い回し
マヨネーズ
どんな食材とも合わせやすい調味料。
➡P27 かぼちゃのデリ風くるみサラダ
➡P51 玉ねぎの七味マヨ焼き

しょうゆ
定番お豆のお惣菜は野菜もたっぷり
大豆の五目煮

⏱25分　冷蔵4日　冷凍1か月

●材料（4〜5人分）
大豆（水煮）…… 1缶（200g）
にんじん ………… ⅓本
ごぼう …………… ⅙本
れんこん ………… 60g
さやいんげん …… 5本
こんにゃく ……… ⅓枚
A ┌ だし汁 ……… 300㎖
　│ しょうゆ、みりん、
　│ 　酒 …… 各大さじ3
　└ 砂糖 ……… 大さじ2

●作り方
1 にんじん、れんこん、こんにゃくは1cm角に切り、れんこんは水にさらす。ごぼうは皮をこそげて1cmの輪切りにし、水にさらす。さやいんげんはさっとゆでて1cmの輪切りにする。
2 鍋にA、さやいんげん以外の1をすべて入れて火にかけ、煮立ったら中火にし、落としぶたをする。
3 2の煮汁がほとんどなくなるまで煮て、1のさやいんげんを加えてさっと煮る。

保存の名人アドバイス
冷凍用保存袋に入れて冷凍。具材を小さく切ってあるので、凍ってから食べる分だけ折って使える。

味つけ別 料理さくいん

おかずを選ぶ時に役立つ、
味付け別のさくいんです。
太字は主材料となる野菜です。

しょうゆ

いんげんのごまあえ	119
オクラのだしびたし	78
オクラの肉巻き	79
かぼちゃもち	63
きのこのおかか煮(**しめじ**、**しいたけ**など)	132
きんぴらごぼう	107
ゴーヤとスパムの炒め	68
ゴーヤのおかかあえ	69
ゴーヤの唐揚げ	69
ごぼうのたまり漬け	106
根菜の五目煮(**にんじん**、**れんこん**など)	18
里いもの煮っころがし	124
じゃがバタうま煮(**じゃがいも**)	121
じゃこ入り**切り干し大根**の煮物	136
じゃこ**ピーマン**	64
しょうがのつくだ煮	70
ズッキーニとにんじんの甘辛炒め	60
大根のおだし煮	110
大豆の五目煮	139
玉ねぎと牛肉のチャプチェ風	52
トマタマじゃこ炒め(**トマト**)	49
長いものガーリックステーキ	127
長いものしょうゆ漬け	126
長ねぎの照り焼き	84
なすと牛肉のつくだ煮	76
白菜となめたけのとろ煮	97
白菜のベーコン煮	95
ひじき煮	134
ひじきのしょうがつくだ煮	135
豚**ごぼう**	108
ブロッコリーとほたてのザーサイ炒め	45

ブロッコリーののりドレびたし……… 45	長いもと豚肉の塩煮……………… 127
水菜とさつま揚げの煮びたし……… 101	長ねぎのチャーシューあえ……… 85
水菜と鶏肉のごまあえ……………… 101	なすのねぎ塩あえ………………… 77
もやしのめんつゆ炒め煮…………… 114	にんじんガレット………………… 42
野菜のバターしょうゆ炒め	にんじんのたらこ炒め…………… 42
（**ブロッコリー**、**パプリカ**）… 25	パセリののりごまふりかけ……… 73
野菜の焼きびたし（**かぼちゃ**、**オクラ**など）	パプリカのオイル漬け…………… 67
……………………………………… 20	パプリカの肉詰め………………… 67
	ブロッコリーのアンチョビワイン蒸し… 47
	ほうれん草とあさりの塩バター蒸し… 92
	ほうれん草のたらこ炒め………… 92
	もやしのしっとりふりかけ……… 115
	ラタトゥイユ（**トマト**、**ズッキーニ**など）… 14
	れんこんもち……………………… 117

塩

アスパラといかの塩にんにく炒め… 55	
アスパラのベーコン巻き…………… 54	
いんげんのくったり煮……………… 118	
かぶとベーコンのうま煮…………… 81	
かぶのゆかりあえ…………………… 81	
きのこのアヒージョ	
（**マッシュルーム**、**エリンギ**など）… 131	
きのこのタプナード（**しめじ**、**しいたけ**など）	
……………………………………… 133	
キャベツのアンチョビ炒め………… 88	
キャベツの塩昆布あえ……………… 86	
コンソメ**大根**……………………… 113	
塩もみ**レタス**サラダ……………… 56	
ジャーマンポテト（**じゃがいも**）… 123	
じゃがいもとえびのハーブ炒め…… 123	
じゃがいもパンケーキ……………… 122	
ズッキーニのオイル漬け…………… 72	
セロリとたこのガーリック炒め…… 83	
大根の塩炒め………………………… 112	
玉ねぎシューマイ…………………… 53	
玉ねぎのコンビーフ詰め煮………… 51	
玉ねぎの塩昆布蒸し………………… 50	
トマトのコロコロカプレーゼ……… 31	

みそ

根菜のきざみみそ漬け（**ごぼう**、**大根**など）	
……………………………………… 72	
里いもと鶏肉のごまみそ炒め……… 125	
長ねぎと豚肉のみそしょうが炒め… 85	
なすの鍋しぎ………………………… 75	
にんじんと卵のみそ炒め…………… 43	
ねぎみそ（**長ねぎ**）……………… 71	

🚩 酸っぱい

彩り野菜のバルサミコグリル
　（**なす、パプリカ**など）……………… 28
かぶの甘酢漬け ……………………………… 80
カリカリ**きゅうり** …………………………… 58
きのこの和風マリネ（**しめじ、えのきだけ**）
　……………………………………………… 130
キャベツのマスタードマリネ …………… 87
切り干し大根とさばのごま酢 ………… 137
切り干し大根のはりはり ……………… 137
ケチャップ**きのこ**
　（**マッシュルーム、エリンギ**など） …… 133
小松菜とツナのサラダ …………………… 99
じゃがいもの炒めなます ……………… 121
ズッキーニと鶏肉のトマト煮 …………… 61
大根とかにかまのレモンサラダ ……… 113
大根とハムのマリネ …………………… 112
大豆と鶏肉のトマト煮 ………………… 138
チキンと野菜のマスタードマリネ
　（**パプリカ、しめじ**など）………………… 24
なすと鶏肉のビネガー煮 ………………… 77
なすのフレンチマリネ …………………… 75
2色のコールスロー（**キャベツ、にんじん**）
　………………………………………………… 16
にんじんとレーズンのマリネ …………… 40
白菜とかにかまのあえ物 ………………… 95
白菜の甘酢漬け …………………………… 94
白菜のレモン浅漬け ……………………… 96
パプリカのバルサミコマリネ …………… 66
ピーマンのトマトケチャップ炒め ……… 65
ひじきの梅あえ ………………………… 135
プチトマトのグリルマリネ ……………… 49
プチトマトのピクルス …………………… 71
ブロッコリーと押し麦のサラダ ………… 44

ほうれん草としめじのポン酢炒め …… 93
ほうれん草の梅あえ ……………………… 90
ほうれん草のごま酢あえ ………………… 91
れんこんと牛肉のバルサミコ炒め …… 117
れんこんのゆかりあえ ………………… 116

🚩 ピリ辛

かぼちゃの南蛮漬け ……………………… 62
キャベツとほたてのコールスロー ……… 88
キャベツのお好み風 ……………………… 89
キャベツのラーパーツァイ ……………… 87
ごぼうのペペロンチーノ ……………… 109
小松菜の辛子あえ ………………………… 99
セロリのピリ辛浅漬け …………………… 82
大根のしょうゆ漬け …………………… 111
玉ねぎとささみの柚子こしょうサラダ … 53
玉ねぎとわかめのピリ辛ナムル ………… 52
玉ねぎの七味マヨ焼き …………………… 51
ピーマンといかのラー油あえ …………… 65
ブロッコリーのガーリック炒め ………… 46
ほうれん草ののりあえ …………………… 91
4種の**きのこ**のペペロンチーノ
　（**しいたけ、マッシュルーム**など）……… 26
レタスのおひたし ………………………… 57
れんこんとひじきの和風サラダ ………… 30

🏁 エスニック

- いんげんと鶏肉のエスニック炒め ………… 119
- オクラとじゃがいものサブジ ………………… 79
- カリフラワーとパプリカのカレーマリネ …… 73
- きのこのエスニック炒め
  （**しめじ、しいたけ**など）……………… 132
- キャベツとソーセージのコチュジャン炒め
  …………………………………………………… 89
- きゅうりのナンプラー漬け ………………… 59
- 小松菜のナムル ……………………………… 98
- 根菜のカレー炒め（**ごぼう**）…………… 108
- さつまいものコチュジャン炒め ………… 129
- セロリと鶏肉のサラダ ……………………… 83
- **大根**と豚バラの韓国風煮物 …………… 111
- トマトの韓国風あえ物 ……………………… 48
- にんじんとこんにゃくの炒め煮 …………… 41
- にんじんとわかめのナンプラーあえ ……… 43
- にんじんのタイ風サラダ …………………… 32
- 白菜のエスニックサラダ …………………… 97
- 白菜のコチュジャン漬け …………………… 70
- 水菜のキムチ ……………………………… 100
- もやしのナムル …………………………… 115

🏁 まろやか

- アスパラとじゃがいもの粒マスタードあえ
  …………………………………………………… 55
- かぼちゃとクリームチーズのサラダ ……… 63
- かぼちゃのデリ風くるみサラダ …………… 27
- カルボナーラポテサラ（**じゃがいも**）… 122
- カレー風味の**大豆**サラダ ……………… 139
- ごぼうの明太サラダ ……………………… 107
- 里いものクリームチーズあえ …………… 125
- ズッキーニのチーズフリット ……………… 61
- チーズ粉ふきいも（**じゃがいも**）……… 120
- パプリカとにんじんのサラダ ……………… 29
- ブロッコリーの変わり白あえ ……………… 47
- ブロッコリーのコーンチーズ炒め ………… 46
- ポテトサラダ（**じゃがいも、玉ねぎ**など）… 12

🏁 甘い

- さつまいものはちみつレモン煮 ………… 128
- 大学いも（**さつまいも**）………………… 129
- にんじんといんげんのレンジグラッセ …… 33
- にんじんのレンジハニーピクルス ………… 41

🏁 中華

- きのこの麻婆風（**しめじ、まいたけ**など）… 131
- きゅうりと豚肉のオイスター炒め ………… 59
- ごぼうのオイスター煮 …………………… 109
- なすの坦々風 ………………………………… 76
- なすの中華あえ ……………………………… 74
- ほうれん草と卵の中華炒め ………………… 93
- 麻婆**白菜** ………………………………… 96
- レタスと桜えびの炒め物 …………………… 57

- ●料理 ────── 曽根小有里、原山早織（食のスタジオ） しらいしやすこ 小澤綾乃
- ●スタイリング ── 曽根小有里（食のスタジオ）
- ●撮影 ────── 盛谷嘉主輔、中川朋和（ミノワスタジオ） 山下千絵
- ●イラスト ───── シュクヤフミコ
- ●デザイン ───── 岡田恵子（ok design）
- ●ＤＴＰ ────── 株式会社秀文社
- ●校正 ────── 千葉 睦
- ●編集協力 ──── 高 裕善（食のスタジオ） 小谷祐子

かんたん！ラクチン！ 作りおきの野菜おかず205

2014年11月5日発行 第1版
2016年7月20日発行 第1版 第8刷

- ●編　者 ────── 食のスタジオ［しょくのすたじお］
- ●発行者 ────── 若松 和紀
- ●発行所 ────── 株式会社 西東社
  〒113-0034 東京都文京区湯島 2-3-13
  営業部：TEL（03）5800-3120　FAX（03）5800-3128
  編集部：TEL（03）5800-3121　FAX（03）5800-3125
  URL：http://www.seitosha.co.jp/

本書の内容の一部あるいは全部を無断でコピー、データファイル化することは、法律で認められた場合をのぞき、著作者及び出版社の権利を侵害することになります。
第三者による電子データ化、電子書籍化はいかなる場合も認められておりません。
落丁・乱丁本は、小社「営業部」宛にご送付ください。送料小社負担にて、お取替えいたします。

ISBN978-4-7916-2271-9